N

COCINERO CUBANO

Y

ESPAÑOL.

CON UN TRATADO ESCOJIDO

DE DULCERIA, PASTELERIA Y BOTILLERIA,

AL ESTILO DE CUBA.

INDISPENSABLE

PARA APRENDER Á COMPONER DE COMER CON LA MAYOR
PERFECCION Y ECONOMIA, Y NECESARIO Á TODAS LAS
CLASES DE LA SOCIEDAD, Y EN PARTICULAR Á LOS
GASTRÓNOMOS, MADRES DE FAMILIA, FONDISTAS, &c.

DIVIDIDO EN TRES PARTES,

POR

J. P. LEGRAN.

HABANA.—1864.

Véndese en las papelerías LA PRINCIPAL, Plaza del
Vapor, y la CRUZ VERDE, calle de Mercaderes.

Nuevo Manual del Cocinero Cubano y Español
By J.P. Legran
Original edition 1864
La Fortuna, Havana Cuba

Reprinted January 2013
Copyright © 2013 Light Messages Publishing
Durham, North Carolina 27713
www.lightmessages.com

Printed in the United States of America
ISBN: 978-1-61153-052-0

PRÓLOGO

Hasta este momento, como cubano y como cocinero, siempre he estado temeroso de utilizar un espectro amplio de ingredientes cuando experimento o juego con recetas cubanas. Esto ha incluido especias, hierbas, vegetales, frutas, carnes, en fin, el mar. Durante mi experiencia como viajero por algunos rincones del mundo y también como emigrante en los Estados Unidos, he descubierto una enorme variedad de sabores, aromas y texturas provenientes de diversas tradiciones culinarias.

Cuando recientemente leí los libros *Cocina al Minuto* por Nitza Villapol y *Memories of a Cuban Kitchen* por Mary Urrutia Randelman y Joan Schwartz confirmé mi visión acerca de la cocina cubana. Es un arte basado en combinaciones simples e ingredientes frescos de alta calidad. "...debemos escoger vegetales y frutas de la estación...", nos dice Nitza Villapol. Es un arte que desemboca en platos muy sabrosos y también muy nutritivos.

De repente, estuve parado en una encrucijada, en un río que se desdobla. Por un camino no podía dejar de pensar en como seguir jugando y experimentando con diversas combinaciones de ingredientes ya conocidos o recientemente descubiertos. Por el otro, forcejeaba para mantener mi identidad cultural y respeto a las tradiciones culinarias cubanas.

¡Aleluya! *Nuevo manual del cocinero cubano y español* por J. P. Legran ha resuelto mi dilema. Las aguas confluyen. Este libro, "Al estilo de Cuba. Indispensable" y publicado en La Habana en el año 1864 ha sido mi respuesta. Legran dejó para todos un excelente record de la cocina cubana en tiempos en que la identidad cubana se gestaba. Tiempos en los que Cuba era aun colonia española. Tiempos en los que Jose Martí era solo un niño y varios años antes de que Carlos Manuel de Céspedes liberara a sus esclavos en el Oriente de Cuba.

Este manual es extenso y muy peculiar para nuestros días. Está dividido en tres partes, utilizado principalmente como principio divisorio los metodos de cocción y no los tipos de alimentos. La primera parte ha sido dedicada a sopas (caldos, cocidos, estofados y guisados) y fritos. La segunda parte a menestras, salsas, legumbres, frituras, menudencias y pescados. La tercera a pastelería y dulcería.

Es importante resaltar que en las últimas páginas se describe un grupo significativo de métodos culinarios que como norma no encontraríamos hoy en día en un libro de cocina. El señor Legran ha descrito métodos para la conservación de carnes, leches, y huevos; para la preparación de vinagres, gaseosas, cerveza, vinos y licores y para preparar colores partiendo de ingredientes naturales. Hoy, se podría ir al mercado—o la bodega en otros tiempos—para adquirir estos productos. De un lado estaría la conveniencia, del otro lado el conocer cuan sencillo sería preparar muchos de estos productos en el contexto de una cocina moderna.

Todas las recetas están descritas en forma de párrafos. En muchas ocasiones los ingredientes son enumerados sin medidas o proporciones. Los métodos de cocción no son detallados en lo referente a tiempo y a temperatura como esperaríamos en el presente. Por ejemplo en la receta para el guanajo relleno se describe el método de cocción de la forma siguiente: "désele color en el horno". Por supuesto, esto es lo que esperaríamos encontrar en un libro escrito y publicado a mediados del siglo XIX en las condiciones de la isla de Cuba. En adición, el autor nos advierte en las primeras páginas del uso de un lenguaje llano, "de fácil comprensión", y escrito para el pueblo, "al alcance de la generalidad".

La presencia, no solo de platos provenientes de diversas regiones españolas, sino también de otros países es una muestra de cuan expuesta estuvo la cocina cubana en sus inicios a influencias y vientos foráneos. La cubanía de este manual se delata en muchas de las recetas en dos formas. Primero al dictar de sus nombres y segundo en la presencia de tradiciones culinarias que han logrado cursar las olas del tiempo como por ejemplo el "ajiaco".

Fue mi fue sorpresa y deleite al unisono descubrir recetas que muestran no solo la cubanía sino también una gran riqueza de ingredientes y combinaciones de alimentos. Quien podría imaginar una "sopa cubana" donde lechuga, perifollo y acedera (lengua de vaca) fuesen ingredientes principales. O un plato de "espárragos a la matancera" hechos con canela, clavos y azafrán. Mire usted, canela para un vegetal, cuando generalmente la encontramos en los dulces. O "natilla a la habanera" utilizando laurel. ¿No es el laurel reservado para potages o carnes? En "gallina a la matancera" Legran nos regala con una combinación inesperada de viejos conocidos: gallina, zanahorias, malangas, plátanos maduros y azúcar. Ahora, como cocinero cubano, siento que puedo jugar y experimentar aun dentro de los marcos de la tradición. Las aguas confluyen para mi fortuna.

A nuestro alcance, tenemos una reproducción del texto original, publicado en La Habana en el siglo XIX. Me gustaría dar las gracias al equipo de trabajo de la editora Light Messages por haber hecho posible que este *Nuevo manual del cocinero cubano y español* este disponible a los lectores de manera completa, con todas sus páginas y fácilmente legible—obra que distingue a esta nueva edición.

La relativa limitación de estructura y formato con que este libro fue escrito debido al contexto de la época, está mas que compensada con la riqueza increíble de ingredientes y sus posibles combinaciones. Yo no pude apreciar esta riqueza en las cocinas de familias cubanas cuando crecí en Cuba en un medio comunista de escasez. Tampoco he podido observar una gran diversidad de ingredientes o de combinaciones en la cocina cubana durante mi estancia de diez años como emigrante en los Estados Unidos.

¡Cubanos y foráneos, no temais … valientes corred! Nuestra herencia culinaria es tan amplia como el horizonte y podría estar a la punta de los dedos, al cantío de un gallo. ¡Abracémosla!

Roberto Copa Matos
Dueño de "Old Havana Sandwich Shop"
Durham, Carolina del Norte, EEUU

ADVERTENCIA.

El libro que tenemos el honor de presentar al público pode-
mos asegurar con confianza que esta escrito por la esperiencia
y de una manera inteligible para todos. Habrá personas á
quienes les parezca poco volúmen para tanto asunto; mas des-
pues de haberlo leido, seguramente se convenceran de que nos-
otros, al revés de muchos, no hemos hecho uso de digresiones
para entrar en materia, puesto que eso queda para las diser-
taciones de academia, ó para los que quieran echarla de eru-
ditos, valiéndose de interminables rodeos para esplicar una
composicion que en su esencia es de fácil comprension, pero que
por el lenguaje que emplean la ponen fuera del alcance de la
generalidad. Nosotros escribimos para el pueblo y en su len-
guaje le hablamos; de consiguiente, el que no comprenda este
tratado, de seguro entenderá ménos otro por voluminoso que
sea Por último, podemos asegurar que todas las recetas se
han examinado por personas entendidas en la materia, y todas
han dado su aprobacion por los buenos resultados, siempre que
se empleen materiales tan buenos como sean menester, puesto
que es evidente que la composicion perderá su finura y delica-
deza, en tanto grado, cuanto sea el de inferioridad de los ma-
teriales que contenga.

Finalmente, creemos que nuestro tratado ha llenado el objeto
de nuestros preceptos, fruto de la esperiencia y del estudio, san-
cionados además por el buen gusto y adoptados por los princi-
pales gastrónomos; y no dudamos que será acogido por el pú-
blico en general, con la misma avidéz que las primeras edicio-
nes, que es á lo único que aspiran nuestros deseos.

COCINA HISPANO-CUBANA.

PRIMERA PARTE.

SOPAS.

CALDO.

Para hacer un buen caldo se lava bien la carne que se echara en el puchero que se pondrá al fuego gastando la espuma que forme al empezar á hervir el agua, agréguese si se quíere á la carne bien sea de vaca ó carnero un pedacito de jamon y menudencias de las viandas, como habrá disminuido el caldo una cuarta parte se le vuelve á hechar la misma cantidad hasta que esté cocida la carne agregándole garbanzos, perifollos y un par de cebollas.

CALDO DE GALLINA.

Se pela bien la gallina, despues de haberla matadó lo mas pronto posible; se chamusca un poco para limpiarla de la peluza que siempre tiene; se corta
en cuatro ó seis partes y se pone á cocer despues de
bien lavada y limpia por el interior, en una cazuela
·con garbanzos y un poco de jamon ó tocino: se deja
cocer poco á poco hasta que ya ha mermado un poco
de caldo: se retira ó separa la sustancia · y se sirve
cuando haga falta, habiéndole echado ántes un poquito de azafran y una cebolla blanca.

CALDO COMPUESTO.

En una cazuela de regular tamaño se pone un
trozo de carne de puerco, otro de ternera y un pedacito de jamon; se añade á esto un puñado de buenos
garbanzos y la cantidad de agua que se necesita, para dejarlo hervir. En estando medias cocidas las
carnes, se le ponen zanahorias y una cabeza de ajo
con dos cebollas blancas; se sazona bien, y despues
de cocido todo se separan las legumbres de las carnes
para servirse de él, bien para sopas ó para otros servicios.

SOPA GORDA DE PAN.

Se echa el caldo necesario sobre cortezas de pan,
que se hallen en una sopera, pero solo lo preciso para que estas se empapen. Cuando se haya de servir
la sopa, se llenará la sopera de caldo bien caliente, y
se cubre de legumbres, teniendo cuidado de no hacer
hervir nunca el pan con el caldo, pues esto le hace
quitar el buen gusto.

SOPA DE FIDEOS

Se pone á hervir caldo de puchero, se echan en seguida los fideos, despues de haberlos desmenuzado un poco para que no se haga una pasta; se dejan hervir ocho minutos á lo mas, en seguida se ponen en el lado de la lumbre, donde seguirán hirviendo poco á poco sin dejarlo espesar demasiado.

SOPA SENCILLA DE PAN.

Rebanadas de pan bueno, grandes, se tuestan un poco, se ponen en una sopera con un poco de pimienta seca, en polvo ó pedacitos menudos, se le echa caldo encima lo bastante para remojarlas y cuando se hayan de servir á la mesa se le echa el caldo bien caliente esperando un rato ántes de servilas.

SOPA COMPUESTA.

Córtense zanahorias y nabos á manera de palitos pequeños, tambien dos lechugas, acederas y perifollo. Cuando esté todo bien aperdigado con manteca, y mojado con caldo, se añadirá un puñado de guisantes pequeños y puntas de espárragos. Se quitará bien la gordura cuando las legumbres estén bien cocidas, y se echará sobre cortezas de pan.

SOPA CUBANA.

Se pasan por manteca y un poco de sal, un puñado de acederas, algunas hojas de lechuga, y si se quiere, tambien perifollo; mójense con agua, añádase manteca fresca, póngase á hervir y retírese del fuego sazónese y líguese con cuatro yemas de huevo y queso y échese todo sobre pedacitos de pan delgados y largos. Esta sopa es muy gustosa.

SOPA DE ARROZ.

Como una onza que se tome para cada persona si es de primera calidad, se lavará tres ó cuatro veces con agua tíbia, frotándolo bien con las manos; se pone á cocer con un poco de caldo á fuego lento; mójese despues con otro caldo y sírvese, no muy espesa.

SOPA DE MACARRONES.

Se ponen los macarrones en agua que esté hirviendo, se les dá vueltas y se espuman, sacándose del fuego al cabo de 20 minutos y haciéndose despues cocer lentamente, queda mucho mas gustosa la sopa si se le echa al cabo de algun tiempo, un poco de queso rayado de manera que quede espesa y dorada.

SOPA FRANCESA COMUN.

Se fríen cortezas de pan con manteca hasta que lleguen á ablandarse; se ponen á cocer nabos tiernos, y con esta sustancia y caldo se mojará hasta que esté clara: se derretirá una porcion de manteca ántes de servirla, y sazonado con un poco de azúcar y sal, se echará todo esto ántes de servirla.

SOPA DE ARROZ CON LECHE.

Estando preparado el arroz como para el gordo,

se hace cocer con una porcion de leche; así que se reduzca á pasta, se echan unos granitos de sal, se pone bastante azúcar y se sirve.

SOPA DE CHICHAROS.

Tómense chícharos pequeños aperdigados ya de antemano, háganse hervir en buen caldo y al punto que estén cocidos se echarán sobre sopa de pan.

SOPA DE LECHE.

Hágase hervir leche, échese sal y azúcar y tírese sobre rebanadas de pan.

SOPA DE LECHE BATIDA.

Prepárese del mismo modo que la anterior, póngase un batido de cuatro huevos por cada media azumbre, revuélvase con una cuchara de palo, y empezando á cuajarse en la cuchara, esto es, ántes de hervir, tírese sobre pedazos pepueños de pan.

SOPA DE SEMOLA.

Hágase hervir caldo, échese dentro la sémola, pero como es fácil que se cuaje, es preciso darle vuelta contínuamente, sacándola del fuego al cabo de media hora, por estar ya cocida. Si es demasiado blanca, désele color con azafran. Si se quiere hacer con leche, no se hace mas que sustituir ésta al caldo.

SOPA MATANCERA.

Córtense rebadadas de buen pan; el llamado de Regla es el mejor, se tuestan bien y se van poniendo entre una y otra capa de pan, ápio, queso en polvo, perejil y ajo, pero en poca cantidad; una salsa blanca habanera, en poca cantidad se echa sobre la sopa poniéndola á hervir, teniendo cuidado de echarle caldo si empieza á secarse.

SOPA MEJICANA.

Póngase á tostar en un sarten, buena harina del Norte mejor que la de Santander, cuando se halle roja deslíese con una porcion de leche, póngase azúcar y canela en polvo y hágase cocer dicha mezcla. Antes que se sirva se hará volver espesa por medio de unas yemas de huevos y se echará todo en la sopa de pan.

SOPA DE PLATANOS.

Se echan plátanos á cecer con caldo, despues de cocidos se les quita bien la cáscara, se machacan con especias un poco de ápio, culantro y unas cuantas gotas de naranja, todo lo cual bien revuelto con el caldo, se pone á hervir un poco poniéndolo espeso cuando uno quiera, con migas de pan.

SOPA DE AJOS CUBANA.

Póngase á freir con aceite despues de bien machacados los ajos con la sal y pimientas necesarias, en polvo, échesele la cantidad de agua que necesite, póngase á hervir por el espacio de diez á doce minutos, con bastante fuego; échese encima rebanadas de pan con un poco de menta y puede servirse.

SOPA DE CEBOLLAS Y ARROZ.

Fríase con manteca pedacitos de cebollas, echándolos en agua con sal y pimienta, póngase proporcionalmente la cantidad de arroz que se necesite, déjese hervir por el espacio de un cuarto de hora y sírvase.

SOPA A LA POLKA.

Un cuartillo de zumo de pepino escabechado con levadura de harina, se pondrá á hervir; cuando esté frio se mojará con un cuartillo de leche cuajada. Se tomará en seguida una yema de huevo con remolacha picada muy menuda, y se hará hervir dentro del agua y el todo se derramará en la sopa. Se cortarán cuatro huevos duros en rueda, añadiéndose hinojo picado' carne de cangrejos cocida y tajadas de cohombros. Esta sopa se sirve sin pan y fria.

SUSTANCIA DE ENFERMOS.

Los enfermos deben tomar poco, pero muy sustancioso. Para una escudilla de este caldo se tomará un cuarto de gallina, con una docena de garbanzos y una punta de brazuelo de carnero, y cuando esté bien cocida se tomará el cuarto de ave y se majará en el mortero. Se tendrá un pedacito de pan remojado en el mismo caldo, de modo que quede en una escudilla;

se colará en un paño límpio, y echándolo en un pucherito se pondrá al fuego, y cuando esté caliente se sazonará con sal y un poco de azafran, revolviéndolo bien con una cuchara.

SOPA DE TORTUGA.

Despues que la carne de la tortuga esté muy blanda, efecto de haberse cocido bien, se cuela el caldo y uniéndolo en seguida con la carne se le agregan ajos, un poco de vino, cominos y culantro bien machacado, pimienta, azafran y hojas de menta en poca cantidad y rebanadas grandes de pan con huevos duros cortados en pedazos menudos, se sazona y se deja hervir un momento.

PAPILLAS PARA NIÑOS.

Echense en leche que no esté caliente, las cucharadas de sagú que uno juzgue sean bastantes para darle la consistencia que se quiera. Generalmente se calcula una cucharada por una escudilla grande se revuelve contínuamente hasta que esté bien desleida la harina, pónese en seguida á un fuego lento, teniendo cuidado de menearla bien; cuando se vea que tiene un color rojizo es señal de que ya puede darse al niño.

SOPA DE ALMEJAS.

Despues de tenerlas un rato en agua bien caliente de modo que se hayan abierto se les sacará la carne y se pondrán en una cazuela en la que se hayan frito pedacitos de cebolla y zanahorias en buen aceite; añádase en seguida un poco de perejil, culantro, y cinco granos de ajos añadiendo la cantidad de agua necesaria para que hierva bastante.

COCIDOS, OLLAS Y GUISADOS.

COCIDO DE VACA.

Tómense algunas cebollas, que se cortarán en pedazos muy menuditos, pónganse al fuego con un poco de manteca hasta que estén bien fritas, añádase media cucharada de harina y revuélvase hasta que quede de un color amarillo; póngasele un poco de pimienta, vino blanco y caldo sazonado con sal, póngase á hervir hasta que el caldo se merme un poco, échesele la carne en pequeños pedazos, hágase cocer hasta que tome el sabor de la cebolla y se podrá servir con un poca de mostasa y vinagre.

TERNILLA DE VACA ASADA.

Se cortará y cubrirá con manteca la ternilla de la vaca, que es la parte mas tierna del lomo. Se cuidará de que no sea muy delgada á fin de que resista la accion del fuego; se hace escabechar por diez horas con pimienta, sal, perejil, laurel y pedacitos de cebolla, se pone al asador cubierta con un papel mantecoso, se hace cocer á fuego vivo de modo que se prenda, y ratírese el papel ántes de servirse.

PUCHERO COMUN.

Estando el agua bien caliente échense los garbanzos, que se habrán puesto á remojo desde la víspera con ceniza, para que se puedan cocinar bien (lo cual se hace teniendo la ceniza bien envuelta en un trapo y bien amarrada para que no se salgan y se pongan negros), añádase la carne y espúmese; despues se le echa sal, y el tocino y se deja cocer el tiempo necesario, si tiene chorizo ó jamon se le echa al mismo tiempo que el tocino. La verdura se cuece aparte con corteza ó raspadura de tocino y se echa en el puchero de la carne media hora ántes de comer.

OLLA PODRIDA.

Puestos á cocer los garbanzos y la carne como en la anterior se espuma y se echa una gallina, jamon, chorizo, tocino, morcilla, patas ú orejas de cerdo, peros pardos y unas albondiguillas ó pelotas de carne, que se hacen picándolas con todas especias y friéndolas un poco ántes de echarlas en el puchero. En la verdura puede añadirse chorizo y morcilla y se sirve aparte.

GUISADOS DE CARNE.

Cómprese carne de contrapata de vaca ó ternera, se pone un poco de tiempo á remojar con un poco de sal y se deja que se orée un rato, se machaca bien la mitad de la carne y se corta en pedazos á maneras de chuletas; lo restante con ajo y perejil se hace del picado una masa con un poco de pimienta y clavo, y con ello unos chorizos, se envuelven con la chuletas y se sujetan con hilos para que no se salga el picado, se ahoga despues con manteca que no esté muy caliente. Hecha esta operacion se le echa el agua suficiente con dos cacitos de caldo de puchero y se pinchan para que no se revienten, se machaca para la salsa un pedazo de pan bien frito y un poco de perejil y pimienta. Sin la salsa cocerá como dos horas y con ella un rato para que tome el gusto, y se apartará de la lumbre un poco ántes de sacarlo á la mesa para que se repose.

CONEJO GUISADO

Despues de estar límpio y enjunto, se corta sin mojarlo en pedazos, se frie pimiento, tomate y cebolla con sal, y se reahoga el conejo con todo esto, y cuando esté bien dorado se echa agua, se hace una salsa con especias, perejil, piñones y unas hojas de menta, y se deslíe con harina tostada.

CHULETAS DE TERNERA.

Se machacan bien y se estiende sobre ellas bastante manteca y pan rayado, se colocan sobre las parrillas y se les vá untando de manteca con la punta de un cuchillo.

OLLA ESPAÑOLA.

Déjese hervir bien en una olla como dos tercias del agua que pueda contener como para meter en ella un pedazo de carne de ternera, otro de puerco, otro de tocino, otro de jamon y un puñado de garbanzos: despues que haya hervido por espacio de hora y media, se le añade buen repollo, judías, habas verdes y chorizo; se le echa en seguida sal, pimenton, perejil y tres ó cuatro granos de pimienta, un poco de azafran, menudos de ave, si hay; se deja hervir un rato y puede ya servirse á la mesa.

COCIDO DE CUARESMA.

Córtese ocho zanahorias en pedazos menudos, seis nabos, y otras tantas cebollas, un pié de ápio, una col, una espinaca echándolo todo en una olla con un vaso de agua; un cuarteron de manteca fresca de vaca y un manojo de perejil; hágase hervir hasta que se evapore el agua, añadiendo despues una porcion regular de guisantes ó habichuelas y el agua necesaria para obtener el caldo suficiente; déjese cocer poco á poco por dos ó tres horas, y despues de haberlo sazonado con sal, pásese por un tamiz. Con esta preparacion puede hacerse de vigilia toda clase de potage.

COCIDO MAYOR.

Muy usado está este cocido en las grandes mesas, pues sirve para remojar todos los guisados sin necesitarse de agua; se consigue por medio de un trozo de vaca, de pecho ó chueca mas ó menos grande, despues que se halla puesto en una olla llena de agua, quitada la espuma y gobernado, del mismo modo que el puchero de carne, se añaden las legumbres acostumbradas y los ingredientes pára sazonarle. Hecho su cocimiento se pasa por un tamiz para guardale y servirse de él cuando se necesite.

COCIDO COMUN.

Tómense de 2 á 5 libras de carne de vaca, que se pondrán en una olla, añadiendo medio azumbre de agua por libra, póngase á un fuego templado que debe aumentarse poco á poco con el objeto de quitarle á las carnes las partículas de sangre que pudiera tener, las que saldrán cuando se espume. Déjese la olla por espacio de siete horas seguidas puestas á un fuego igual y templado, y pasadas las tres horas primeras se le echan tres zanahorias, dos nabos, cuatro puerros y una espinaca, todo partido por la mitad, añádese un manojo de perejil, una cebolla asada, en la que estarán metidos dos clavos de especia y sal suficiente, teniendo cuidado de añadir agua caliente á medida que se merme la primera. Si á todo esto se le añade una ave ó la mitad de una gallina, menudo de guanajo ó huesos de cordero, se conseguirá con este método lo mejor que se ha hecho en cocido ordinario ó comun.

OLLA CUBANA O AJIACO.

Póngase agua en una cazuela, la suficiente para contener carne salada, ahuja de puerco, carne de vaca, tocineta y tasajo de vaca; póngase á hervir todo junto con garbanzos puestos á remojar desde el dia anterior; añádase despues boniato, dos ó tres plátanos que empiecen á madurar, sin pelarlos, malauga, yuca chayote, berengenas, y si se quiere una mazorca de maiz verde, calabaza y unas papas, se deja que hierva como uno hora, tritúrese en el mortero toda clase de especias, sin que falte comino que es muy esencial; deslíese con un poco de caldo del mismo ajiaco, mójese un poco de azafran, el cual, revuelto con un poco de zumo se echará dentro, dejandole hervir por un cuarto de hora. Cualquiera clase de sopas puede hacerse con este caldo, siendo muy gustosa la hecha con sémola.

AJIACO DE TIERRA-DENTRO.

Se hace de un todo como el anterior, sin echarle

carne de vaca, maiz ni ninguna clase de especias; solo sal y ají con ajos fritos con manteca, de donde
viene derivado el nombre de *ajiaco*.

AJIACO DE PUERTO-PRINCIPE.

Tómese de cuatro á seis libras de tasajo de puerco y tambien de vaca, despues de haberlo desalado
en agua caliente: media gallina, tres cebollas, tres ó
cuatro dientes de ajo y un limon: échese todo en una
cazuela, que se dejará hervir bien por el término de
media hora ó tres cuartos á lo mas añadiendo en
seguida plátanos verdes, chayote, ñame, malanga,
boniato, calabaza y maiz verde, despues de haberle
quitado á todo la cáscara ó corteza; hágase con el
mismo compuesto una salsa de comino, pimienta, culantro y azafran; revuélvase bien con zumo de naranja agria, échese en una cazuela meneándola de
contínuo miéntras hierve por espacio de media hora,
y se puede servir despues de bien sazonado con sal y
un poco de aceite y haber dado tres ó cuatro hervores.

ESTOFADO DE VACA.

Se larden con tocino gordo un trozo untado ántes con especias, poniendolo en seguida en una cazuela con zanahorias y cebollas, se le echa caldo ó
vino blanco, se cubre con una tapadera de hierro y
un lienzo, haciéndolo cocer á fuego lento y largo.

ESTOFADO DE VACA A LA CUBANA.

Se toma la carne de vaca que se desee, cortada
ya en pedazos, los que se pondran en un puchero á
cocer con un par de cebollas grandes, dientes de ajo

y un poco de pimienta, agregándole vino seco como medio vaso, que se echará en el puchero con perejil picado y unas gotas de zumo de limon ó naranja. Déjese cocer lentamente y un poco antes de sacarse, agréguensele unas cuantas cucharadas de aceite, pudiendo servirse cuando se halla tierna la carne.

ESTOFADO DE TERNERA.

Dispuesta ya la carne en pedazos, póngase á freir con manteca, un poco de tocino y cebolla. Se pasa todo á una olla, con ajo machacado, sal correspondiente, perejil y unas hojas de laurel; y cuando empiece á cocer se le echará vino blanco, y tapando bien la olla se dejará con un fuego no muy fuerte, hasta que el caldo se haya mermado un poco.

TERNERA MECHADA.

Primero se pone la ternera en agua con un poco de sal; se le quita en seguida el pellejo que pudiera tener, despues se hacen unas calitas de tocino, que se irán metiendo de trecho en trecho en la carne, la cual se echará despues en una cazuela, en la que se halle la manteca caliente; y sin menearla, póngase encima una tapadera de hierro con fuego, cuézanse acederas, que se machacarán, y se hace con ellas una salsa que se echará en la cazuela, separándola del fuego en el instante.

SESOS.

Echense en agua caliente para limpiarlos bien de la sangre y quitarles la telilla que los cubre: se dejan despues en otra agua nueva templada, para pasarlos al agua hirviendo. Al cabo de algunos minutos pueden sacarse y ponerse en agua fria, poniéndolos á cocer con la cantidad suficiente de agua, unas gotas de zumo de limon, sal, una cebolla hecha rebanadas, perejil y unas hojas de laurel, sacándolos al cabo de poco tiempo.

SESOS A LA CUBANA.

Despues de salcochados y limpios como se ha dicho en la anterior, se ponen á cocer con caldo una cucharada de manteca y medio vaso de vino blanco; añádesele á esto chayote, perejil, una cebolla y unos granos de pimienta. Despues de estar cocidos se frien con huevos revueltos en harina, y se vuelven á echar otra vez en el caldo hirviendo de ellos, con plátanos asados, y que estén maduros.

GUISADO MADRILEÑO.

Despues de bien lavada la carne se cortará en pedazos que se echarán en un puchero reahogada con la cantidad de aceite que se juzgue necesaria para poderse freir; despues que quede bastante dorada la carne, pónganse papas cortadas en pedazos y dos cebollas enteras con tres ó cuatro clavos de especia, téngase preparada agua bien caliente, que se echará sobre la carne dejándola cocer á un fuego vivo: sazónese con sal y unas cuantas gotas de vinagre, y cuando se vea que ha mermado el agua, puede servirse á la mesa.

GALLINA ENCEBOLLADA
A LA MATANCERA.

Tómese una gallina, que despues de cocida se pondrá en una cacerola con zanahorias, tres cebollas grandes, un poco de laurel y tomillo, malanga y medio plátano maduro. Hágase en una cazuela aparte una gelatina con manteca y cebollas cocidas á fuego lento con un terron de azúcar: añádase cuando esté en su punto un poco de caldo, mézclese todo y puede servirse.

BIFTECK.

Córtese la carne en rebanadas delgadas y al través macháquense y pónganse en adobo con aceite, vinagre y sal molida; pónganse á asar á las parrillas con un fuego fuerte; mézclese aparte manteca fresca, perejil picado y zumo de limon ó naranja; póngase el trozo de carne en esta salsa cuando se haya asado, estando caliente el plato en que se ha de colocar. Se acostumbra servir este plato con papas fritas, berros ó pepinos.

BIFTECK INGLÉS.

Córtense algunos pedazos de carne de buey ó de vaca, del grueso de un dedo. Aplánense con el mortero, quítensele los huesos y la piel; háganse empapar en manteca tibia, sal y pimienta, pónganse á las parrillas y sírvanse despues con manteca, perejil y pimienta.

CRIADILLAS GUISADAS.

Despues de peladas y cortadas se ponen en una cazuela con manteca, un poco de perejil, cebollitas, clavo, especia, sal y un puñado de harina revuelto con caldo, y despues de tenerlas al fuego por el espacio de media hora, se les quitará la grasa, añadiéndole caldo colado y sirve de intermedio.

VACA CON YERBAS.

Tómese carne de vaca cocida dividida en trozos pequeños, que se pondrán en un plato, en cuyo fondo haya manteca con yerbas finas picadas y rayaduras de pan: póngase por encima otra capa de lo mismo y déjese freir todo á un fuego lento cubierto con una tapa de hierro llena de ascuas, y cuando esté en su punto se servirá con unas cuantas alcaparras.

LENGUA A LA CRIOLLA.

Cortado que se haya en pedazos y puesto á cocer con caldo, échesele perejil y cebollas con un poco de menta, orégano, otro poco de culantro, cuatro granos de pimienta, un poco de pimenton, y unas alcaparras; se deja cocer y sazonar con la sal, y despues se sirve con plátanos guineos fritos.

CHULETAS TOSTADAS A LO GUAJIRO.

Limpias y machacadas en el mortero, échense en adobo de aceite, sal, perejil, unas hojas de laurel y una cebolla cortada en ruedas. Al cabo de algun tiempo se ponen en unas parrillas á un fuego vivo y se les da vuelta para retirarlas cuando se hallen bastante tostadas para servirlas con salsa de tomates y plátanos fritos bien maduros, cortados en pedazos menudos y que les dan un sabor muy esquisito.

CONEJO GUISADO
Á LO TIERRA-ADENTRO.

Despues de cortado en pedazos y frito en manteca y perejíl, con su correspondiente sal, se toma una cazuela en donde se habrá echado manteca, ajos, dos ó tres hojas de laurel y un poco de pimienta: póngase al fuego despues de haber echado en la cazuela el conejo y haberlo revuelto con esta salsa; échesele la cantidad de agua que se necesite para cubrirlo todo hágase en seguida en el almirez una salsa con avellanas ó almendras machacadas con unas hojas de menta, perejil y ajos; revuélvase todo bien con vinagre, déjese hervir un rato y puede sacarse á la mesa.

CONEJO A LA ESPAÑOLA.

Estando ya cortado en pedazos, póngase en una cazuela con manteca; y como media libra de tocino, y déjese sofreir hasta que tome color. Añádese una cucharada de harina tostada, y déjese cocer con caldo y un poco de vino tinto. Cuando esté la carne en su punto se sazonará con sal y unos granos de pimienta; se le echarán papas y perejil con un par de cebollas pasadas por manteca y se dejará hervir, añadiéndole caldo si se pusiere demasiado espeso y se sacará cuando la carne esté blanda.

PICADILLO DE CONEJO.

Píquese bien menuda la carne; macháquense bien los huesos aparte, reahóguense bien con manteca, despojos de ternera, tocino magro, sal y pimienta, polvoreándolo todo con una cucharada de harina. Despues de haberlo meneado bien se le añade, poniendolo á hervir y pasándolo por un tamiz, se reduce hasta la consistencia de cocido poniéndolo en el del picadillo, que se calentará solamente.

GUANAJO RELLENO.

Quitadas las tripas, limpio y despues de cocido, píquense bien todas las menudencias que haya tenido dentro con caldo compuesto de migas de pan cocido con nata, un cuarteron de manteca empella, perejil, cebollinos, sal, pimienta y tres yemas de huevos; rellénese todo el interior con esta masa, cubriendola con migas de pan; humedezcase con manteca derretida; vuélvase á empapar otra vez désele color en el horno, pudiendo servirse á la mesa con la salsa que mas agrade.

REVOLTILLO DE GUANAJO
Ó GALLINA.

Todas las menudencias que tenga el guanajo ó gallina en su interior, escepto las tripas se pueden freir con manteca ajos, un poco de pimienta y perejil; y añadiendo despues un poco de caldo, se hace una salsa muy buena con almendras tostadas, perejil, menta, ajos y yemas de huevos, que se pondrá á cocer tambien en una cazuela, estendiendo esta salsa por encima.

GALLINA A LA MANCHEGA.

Despues de bien pelada y chamuscada la gallina, se echa en una cacerola con dos vasos de agua y un poco de vinagre, unas hojas de col, chícharos verdes, un poco de vino seco, canela cebolla picada, cuatro dientes de ajo, con lo que se pondrá al fuego bien tapada la cacerola; un poco antes que se acabe de cocer la gallina échese una cucharada de manteca y otra de vino seco, con cuya salsa; se revuelve bien para servirse de ella.

PATO A LA CRIOLLA.

Despues de bien pelado y chamuscado como la anterior, sin que le quede ninguna peluza, se le doblan las patas á lo largo de las ancas, y con una aguja enhebrada con hilo de cañamazo se le atraviese por entre el hueco del anca y la pata, y sugetándolo bien para que no se descomponga, se le introduce la rabadilla en su interior, y se le frota con jugo de limon, cubriéndolo con lonjas, de tocino; póngase despues en una cazuela con cebollas, zanahorias, una col, menudo de ternera ó de aves, y échese á cocer con caldo sazonado con sal y cuatro granos de pimienta.

Cuando esté en su punto se puede servir con sustancia de lenteja, salsa verde ó tomate.

GALLO CON ARROZ.

Despues de cocido se aparta y se pone á cocer el arroz con el mismo caldo, y un momento antes de servirse se vuelve á poner en él el gallo, echando el arroz por encima y sazonándole con zumo de limon.

ROPA VIEJA Á LA AMERICANA.

Derrítase en una freidera un pedazo de manteca con un poco de harina, yerba buena, perejil con una cabeza de ajos en pedacitos y tres ajíes dulces. Se humedece todo esto con vino blanco y caldo en iguales partes, revuélvase bien y añadase la carne cocida, desmenuzada en hebras, déjese freir despues de sazonada con sal por espacio de veinte minutos, échesele una gotas de naranja ágria y puede comerse al cabo de este tiempo.

PICADILLO A LA MATANCERA.

Píquese bien menudo carne con tocino, póngase toda clase de especias, ajo y perejil bien picado, revuélvase todo con huevo bien batido, y se divide en pedacitos con manteca y harina bien tostada. Despues que todo se halle frito lo bastante, se le echa caldo suficiente y se dejará cocer lo necesario, menéandolo de contínuo con la cazuela y se sazonará con sal.

MONDONGO.

Despues de haberlo raspado muy bien con un cuchillo póngase en agua caliente para lavarle con mas facilidad, hecho lo cual se pone á cocer con tocino y chorizos en pedazos sazonado todo con sal y un poco de perejil; hágase una salsa en seguida con un toston de pan, unos dientes de ajo, pimenton y especias y revuélvase bien con ella.

MONDONGO A LA CRIOLLA.

Limpio como se ha dicho en la de arriba, se cortará en pedazos, que se pondrán á cocer en agua sazonado con sal. Así que esté ya cocido se le echa boniato, malanga, papas y ñame con un par de pimen tones, dos cabezas de ajo, peladas, dos plátanos machos fritos; déjese hervir todo esto teniendo cuidado de echar un poco de pan rallado y despues de echarle sal y un poco de azafran, puede servirse.

PICHONES ESTOFADOS.

Fríase un poco de manteca y con ella se revuelven

los pichones añadiéndoles un puñado de harina desleida con vinagre se dejan freir hasta que los pichones esten bien dorados y añádase despues un cocido
de caldo de puchero y un poco de pimienta dejándolos á fuego lento despues de haberle echado la sal,
hasta que la salsa se vaya mermando hasta la mitad.

POLLOS A LA AMERICANA
DE ESCELENTE GUSTO.

Despues de estar bien limpio pártanse en cuartas que se freirán con tocino ó aceite; téngase preparado un puchero con agua sazonada con sal, macháquense ajos de modo que sobresalga su sabor, con pimienta, agraz y azafran; todo esto se machaca junto y
se deslíe con el agua del puchero, poniendolo en seguida á que dé dos hervores, añadiendo un poco de
pan rayado; ténganse los pollos compuestos en una
tortera, déjeseles dar tres ó cuatro hervores, meneándolos de contínuo, y retirándose al cabo de este tiempo, se verá lo que es bueno.

PATAS A LA CUBANA.

Cocido que se hayan las patas y puesto en una
cazuela con la sal correspondiente, un poco de pimienta molida, orégano, cominos y una cucharada de vinagre ó zumo de naranja ágria, revuélvase bien con
esta salsa, para lo cual se cortarán en pedazos para
que cojan la sustancia. Se baten en seguida tres huevos, con los que se cubrirán las patas; poniéndolas á
freir con manteca, perejil y un poco de yerba buena,
que les hace tomar muy buen sabor retírense al cabo
de tres ó cuatro minutos de haber estado á fuego
fuerte.

SESOS REBOZADOS.

Se salcochan y se limpian muy bien de la telilla que los cubre, córtense en pedazos pequeños pásense por harina y huevos batidos, sazónense con sal, ponganse á freir en manteca hasta que queden de un color dorado, echandoles al tiempo de sacarlos á la mesa un poco de azúcar y canela.

VANOS DE CABRITO.

Despues de estar cocidas y quitados todos los huesos, se practica con ellas la misma operacion que hemos dicho se hace con los sesos.

COSTILLAS FRITAS DE CARNERO.

Bien lavadas y puestas en las parrillas, se les va untando con manteca de cerdo y zumo de limon hasta que se pongan tiernas. Se machacan despues migas de pan frito con unos piñones, perejil, canela y pimienta. Se echa en una sarten todo con las costillas y añadiendole un poco de tocino muy menudo se le dá una ó dos vuelta, con lo que se podrá servir.

CRIADILLAS DE CARNERO.

Quitadas la primera y segunda telilla que las cubre, se hierven sazonadas con sal y hechas rebanadas. Píquense ajos crudos y el menudo con bastante perejil y pan rayado, póngase un puñado de harina, huevos batidos, el picado, y luego que la manteca esté bien caliente fríase.

PEPITORIA DE MENUDILLO.

Despues de frito con la sustancia del tocino y cebollas, se pican y machacan ajos, pimienta, sal, canela y perejil, poniéndolo todo á freir en la sarten con salsa de avellanas y huevos batidos.

CABRITO EN PREBE.

Fríase aceite con un poco de tocino, reahogando bien el cabrito con un poco de sal, pimientos y clavos; échesele la cantidad suficiente de agua para que cueza hasta ponerse blando; machaquese perejil, y ajo, que se desliará con vinagre y se echará por encima, dejándolo hervir un rato.

ALBONDIGAS CUBANAS.

Se pica la carne juntamente con ajos, perejil, cebollas y tocino; todo muy menudo y revuélvase despues con canela, pimienta, clavos y huevo batido. Se toma en pequeñas cantidades de esta masa y se pone á freir con manteca, Concluida esta operacion se cuece todo con el agua necesaria hasta que se disminuya á la mitad, echandole una salsa compuesta de tocino machacado y que esté cocido, unos dientes de ajo tostadas y perejil, lo mismo deberá practicarse con las de pescado, con la diferencia que para estas se echa pan frito en vez de tocino, para espesar el caldo.

HUEVOS ESTRELLADOS
A LA TURCA.

Se echan á freir los huevos en una sarten; en la

que sehaan frito seis ajos con seis cebollas, diez y
ocho ó veinte tomates chicos y tres pimientos; cuya
señal de que está ya todo en su punto, es que la manteca sobresalga por encima. Puestos los huevos como
hemos dicho, se les irá echando la manteca misma,
con que se frien, por encima y polvoreando con sal,
se sirven como á uno le agraden bien sean duros ó
blandos.

HUEVOS GUISADOS.

Hágase un picadillo con migas de pan, anchoas,
un trozo de manteca y tres yemas de huevos, con los
cuales se cubre el fondo del plato; encima se echan
los huevos, se congelan en seguida con una pala hecha áscuas, se polvorean con sal fina y un poco de
pimienta cada una de las yemas.

HUEVOS PASADOS POR AGUA.

Echesen los huevos en agua hirvien y retírense
en seguida, pues no debe pasar de cinco minutos el
que permanezcan en ella.

HUEVOS CON LECHE.

Se deslía manteca con perejil muy picado, sal y
pimiento y un vaso de nata ó leche, en el que se habrá echado una cucharada de harina. Cuando esté en
punto se ponen en ella los huevos cocidos cortados
en ruedas.

HUEVOS RELLENOS
A LA HABANERA.

Cuézanse los huevos y partanse en seguida á lo

largo en dos pedazos que no sean iguales, sáquese las yemas y macháquanse en un mortero con migas de pan mojado en crema, y se añade una parte igual de manteca. Con esta masa se rellenan dándoles su figura, se cubren con migas de pan humedecidas con manteca, se écha el resto del relleno en un plato y los huevos por encima y se ponen en el hornillo.

HUEVOS FRITOS A LA FRANCESA.

Sobre un plato de hojalata ú otra materia que pueda resistir el fuego, echándole un poco de manteca, se rompen los huevos; se les pone sal, un polvo de pimienta con dos cucharadas de leche; se frien con poco fuego, se les pasa por encima una hojalata bien caliente y se sirven.

HUEVOS CON LECHE.

Tómense tres ó cuatro huevos y separándose la clara, se batirá bien para mezclarla con las yemas des pues de haberse reposado un momento. Se hará her vir la cantidad de leche que uno quiera y se mezclará con los huevos añadiendo dos cucharadas de agu a azahar. Póngase en seguida en ella los huevos y la le che, y cuézase el todo en un baño de Maria (1).

Despues de cocido se pondrá la cacerola en agua fria y cuando la leche se haya enfriado, se pone la cacerola boca abajo, manteniéndola así hasta que su contenido haya sido servido.

_____

(1) *El baño de Maria consiste en poner una vasija con agua dentro de otra con el mismo liquido, con el obgeto de templar la fuerza del fuego.*

BACALAO GUISADO.

Téngase en remojo desde víspera; córtese en pedazos y fríase en aceite hasta que esté bien dorado; se le echan en seguida una papas y se deja cocer. Hágase despues una salsa machacando ajos fritos, perejil, pimienta, clavo y unas migas de pan para espesar el caldo, y se deja cocer.

BACALAO A LA ISLEÑA.

Puesto en agua á salcochar para que suelte el salitre fríase en manteca ó aceite con ajos y papas partidas: despues de estar fritos se machacan en un mortero los ajos con perejil, orégano, azafran, un poco de pimienta molida y ralladura de pan; todo esto se echa en el bacalao con un jarro de agua, dejando hervir por un momento, en que estará en estado de comerse.

BACALAO A LA AMERICANA.

Desalado el bacalao coma hemos dicho, se asan tomates bien pelados, que se esprimirán para sacarles la sustancia, la cual se ha de mezclar con pimientos dulces, ajos cebollas y culantro, refrescandolo todo, con manteca cortada en pedazos menudos; despues de frito se pone en una cazuela el bacalao, se le echa por encima y se deja cocer hasta que se halle tierno, que es como se ha de servir, despues de haberlo meneado de continuo.

ALBONDIGAS DE BACALAO.

Despues de estar salcochado se parte en menudos pedazos, que se machacarán con pan rallado, ajos, oréga no, cebollas y huevos duros, con almendras; deslíase toda esta masa con manteca sazonada con la sal, y háganse las albóndigas, que se freirán con aceite, póngase á cocer en seguida en caldo que se sacará de la olla, échesele un poco de perejil y cebolla picada, y sáquense despues de haber hervido un rato.

BACALAO CON HUEVOS.

Hágase una salsa compuesta de huevos, ajos machacados, perejil y pan rayado; revuélvase bien en esta salsa el bacalao cocido y hecho pedazos y póngase á freir con manteca.

BACALAO A LA VIZCAINA.

Despues de salcochada una cantidad grande de tomates, se ponen á freir con aceite, ajos, perejil y cebolla, y despues de haberlo frito se pasa por un colador el zumo de los tomates, el que se echará en una cazuela con aceite. Echese en seguida el bacalao desmenuzado y ya salcochado sin espinas, sazonado con sal y pimienta ó ajíes picantes; déjeseles dar un hervor despues de mezclado bien y dándole vueltas de contínuo para que no se pegue á la cazuela y sáquese al cabo de poco tiempo, teniendo cuidado de que la salsa de tomates haya cubierto siempre el bacalao, sin echarle nada de agua.

HIGADO A LA ITALIANA.

Córtese el hígado en rebanadas que se pondrán en una cazuela con aceite, échesele sal y pimienta molida, fríase y échesele por encima un poco de zumo de limon.

SALCHICHON DE CERDO.

Tómese un trozo de carne mechada, que se picará con cebolla, perejil y un poco de ajo, segun el gusto de cada uno, sazonándolo convenientemente. Con esta mezcla se llenan los intestinos. atándole sus estremos, poniéndolos por algunos dias al humo y dejándoles cocer por espacio de dos ó tres horas cuando se quieran comer.

COCHINILLO DE LECHE ASADO.

Bien cocido y pelado se rellena con manteca mezclada con yerbas finas, pimienta y sal. Póngase al asador en seguida y báñese con aceite para que el pellejó esté mas delicado y suave.

PATAS DE CONEJO COCIDAS.

Hágase con ellas un cochifrito sin añadir mas que un ramillete de perejil, y cuando esté ya en punto se engruesa la salsa con yemas de huevo, se envuelve bien cada uno de los trozoe con ella, calocándolos en un plato para que se enfrien. Despues se vuelven á espesar con migas de pan y huevos poniénelas á freir para servirse con perejil.

LAS MISMAS EN PAPEL.

Quíteselas el huevo y revuélvanse con manteca para ponerlas á cocer: cuando estén listas se retiran añadiendo á la manteca ajos y perejil picado. Polvoréense despues con una cucharada de harina y póngaseles el caldo habiéndolas tostado en un papel con manteca.

CHORIZOS DE ESPAÑA.

Tómese carne de puerco y de vaca en partes iguales bien picada, reveélvase con orégano, sal, pimenton, perejil y ajos machacados, y mézclese bien formando una masa; guárdese esto por espacio de diez ó doce horas si se necesita para que las carnes tomen bien la sustancia de los ingredientes; se llenan intestinos bien límpios con esta masa; amarrándolos y formando los chorizos del tamaño que se quiera, póngase al humo y al aire para que se sequen, guardándolos despues con manteca.

MOLLEJAS DE TERNERAS FRITAS.

Póngase en un adobo tíbio compuesto de manteca, zúmo de limon y yerbas finas, ajos, cebollas picadas, caldo, pimientas y sal, despues de haberlo blanqueado de antemano. Al cabo de una hora se sacan del adobo, se escurren, se echan á freir en el sarten y se sirven con perejil frito.

VACA FRITA A LA CUBANA.

Tómese buena carne de vaca que se pondrá á cocer partida en pedazos pequeños; sazónese con sal, un poco de orégano á lo que se agrega un limon partido por la mitad; sáquese la carne antes de ponerse del todo cocida, y puesta en un mortero se machaca para ponerla á freir en seguida con manteca y unos dientes de ajos hasta que la carne quede tierna y en estado de comerse.

VACA FRITA AMERICANA.

Hágase una salsa compuesta de tomates, ajíes

dulces, perejil y cebollas, póngase á freir con manteca y sal con unas gotas de naranja ágria y revuélvase
la vaca frita con dicha salsa antes de comerse.

CRIADILLAS FRITAS.

Despues de estar bien peladas se ponen en un sarten en la que se habrá echado aceite, tres dientes de ajo
machacados y un poco de pimienta molida; sazouadas
ya con sal y estando bastante fritas, se sacan á la mesa habiéndolas echado unas gotas de naranja ágria.

MOLLEJAS EN FRICANDO.

Despues de límpias de dos ó tres aguas tíbias se
echan en agua fresca para que se afirmen, se escurrren
despues, se las pica muy bien para ponerlas en una cazuela con caldo y un poco de gelatina y por encima un
rollo de papel. Todo esto se pone á fuego lento por encima y por debajo, para que el tocino se cueza y cuando
estén en punto se les dá vuelta para que tomen color.
Se pueden servir con achicorias, con sustancia de cebollas, con salsa de tomates ó vérde de criadillas.

MANOS DE TERNERA AL NATURAL.

Se límpian y raspan bien puestas en agua caliente, se abren para sacarlas el hueso principal, cuécense
sazonadas con sal y un poco de perejil sirviéndolas á
la mesa preparadas con caldo, pimienta, vinagre y
yerbas finas. Tambien se sirven con cualquiera especie de salsa.

OREJAS DE TERNERA.

Póngase en un sarten ó cazuela varias lonjas de tocino, poniendo encima de ellas las orejas despues de haberlas salcochado; vuélvase á poner encima de las orejas otras lonjas de tocino un poco mayores, unas zanahorias, cebollas y un limon cortado en ruedas delgadas, todo esto se sazona y se añade una mitad de caldo y otra de vino blanco, dejándolas cocer á fuego lento; se escurren despues para echarles rellenos y freirlas, habiéndolas empanado con huevo.

RIÑONES DE TERNERA A LA FRANCESA.

Tómense riñones, que se partirán en tajaditas bien delgadas, para echarlas en la cazuela á cocer con un pedazo de manteca y un poco de harina, cuézanse luego en vino blanco y caldo con perejil picado, sin dejarle hervir porque se endurecería, y ya que esté punto se sirve con zumo de limon y gotas de vinagre.

ALBONDIGAS DE CARNERO.

Estando picada la carne se le añade la cuarta parte de su peso con salchicha, migas de pan mojadas en leche, papas picadas, yerbas finas picadas, sal, pimienta y yemas de huevos: se hace un revoltillo con todo esto y se forman las albóndigas, rebozándose con migas de pan para servirlas.

CHULETAS DE CARNERO.

Se dejan manir el trozo de carnero con el objeto

de que la carne esté algo tierna: se le quita despues el hueso grande, la estremidad, la piel, los tendenes, la gordura, y se aplasta bien con un mortero mojado, dándosele con el cuchillo una figura redonda; límpiese el hueso de la carne muscular y déjesele el cabo desnudo para poderlo agarrar fácilmente.

CHULETAS EMPANADAS.

Teniéndolas ya preparadas, se humedecen bien con aceite ó manteca desleida, poniéndolas en las parrillas despues de haberlas empanado.

SALCHICHAS COMUNES.

Píquese carne de cerdo que sea fresca y la misma cantidad de tocino, añadiendo sal y especias: todo revuelto se introduce en intestinos de cordero, se atan de trecho en trecho y se pican ántes de ponerlas á las parrillas.

PERNIL COCIDO.

Córtese en trozos que se pondrán á desalar por dos ó tres dias; despues de haberlos enjugado bien y quitado todo lo que pudieran tener de rancio, se dejan escurrir y bien enjugados se pondrán á cocer del modo siguiente:—Se echa en una cazuela mitad de agua y mitad de vino, con ajos, clavos, especias, tomillo, laurel y cebollas con perejil. Despues de estar cocido, que se conoce en que picándolo con un mechador se atraviesan con facilidad, se les levanta el pellejo y se cubre la grasa que les rodea con una mezcla de rayadura de pan y yerbas finas.

SALCHICHON.

Tómese carne magra de cerdo y la mitad de su peso de carne hebra de vaca y otro tanto de tocino, que se cortará en pedazos mientras se pican juntas las otras dos, sazónese bien echándole cinco onzas de sal por cada seis libras de carne preparada, un poco de pimienta machacada, revolviéndolo y picándolo todo muy bien. Al siguiente dia se llenan intestinos de vaca ó de los mas gruesos que se encuentren, se machaca bien la carne con un mazo de madera, y se atan cuando se hallen bien llenos. Se dejan con sal mezclada con una parte igual de nitro por término de seis ú ocho dias, despues se secan al humo y se bañan con heces de vino en que se hayan hervido albahaca, salvia, tomillo y laurel.

POLLOS RELLENOS.

Tómese el hígado del pollo ó gallina que quiera rellenarse y una docena de castañas cocidas, perejil, cebollino y un poco de ajo picado todo junto. Añádasele sal, pimienta y dos yemas de huevo: con todo esto hecho una pasta se rellena y se pone en el asador envuelto en una hoja de papel dado con manteca. Cuando esté asado se quita el papel y se dora con huevo, cúbrase con migas de pan para que tome color á fuego vivo y se sirve con salsa picante.

POLLO A LA RUSA.

Cójase un pollo y despues de bien destripado y chamuscado se le abre por la espalda desde el pescuezo á la rabadilla y se le aplana bien con el mortero.

Póngase despues en manteca con vino blanco y caldo, añádase una mano de perejil, sal, pimienta molida, dejándole que se cueza así á fuego lento. Estando
cocido se pasa y se reduce á caldo, añadiendo manteca mezclada con harina, la que se echa sobre el pollo
puesto en un plato que soporte el fuego, se cubre el
pollo y la salsa con queso rayado, poniéndole á fuego
templado en un hornillo y se sirve cuando haya tomado color y la salsa esté reducida.

ADOBO.

Tómense cebollas que se cortarán en rebanadas
en partes iguales vinagre y agua con perejil, ajo, sal,
y pimienta. Omítase el ajo, y la cebolla cuando se quieran adobar legumbres para freir, como escorzonera y
ápio. Tambien se puede adobar con aceite y con la
misma sazon. Se hace tambien del modo siguiente:

Se deslíe manteca en una cazuela, se le añaden
zanahorias y una cebolla picada menudamente, con
la cantidad suficiente de pimienta, ajo, laurel, y perejil, humedézcase todo con agua y una tercera parte
de vinagre pasándolo despues que se haya cocido por
un cedazo. Se puede adobar tambien toda clase de
carnes que se hayan de freir.

BUTIFARRAS A LA CUBANA.

Tómese la cantidad que se necesite de carne de puerco que se picará en pedazos muy menudos, revuélvase
esta masa perfectamente con canela molida, clavo, especias, unos granos de anís, ajo y pimenton, se llenan los
intestinos delgados de vaca ó carnero despues de haberlos limpiado en agua caliente y se les vá amarrando
con un bramante de trecho en trecho á doble distan-

cia de la que se usa con los chorizos, póngase á cocer en seguida en agua, dejándolas solo por cuatro ó seis horas que será lo bastante para que se cuezan y puedan comer despues de fritas con manteca.

LONGANIZAS.

Tómese carne de masa que sea lomo y póngase en adobo de vinagre, ajos y pimienta bien machacada, dejando el lomo tomar la sustancia por algun tiempo. Píquese todo bien menudo y llénense las tripas despues de bien límpias con esta masa, amarrándolas á larga distancia. En Puerto-Principe acostumbran hacer el adobo añadiendo cebollas, orégano y pimenton y sirviéndolas fritas.

MORCILLAS A LA AMERICANA.

Tómense diez ó doce cebollas que se cortarán en pedazos, se escaldarán en agua hirviendo y despues se sacarán al fuego. Póngase á cocer despues con media libra de manteca de cerdo. Se pica en seguida tocino y carne de un ave cualquiera cocida de antemano al asador; migas de pan bien empapadas en nata y échese todo en la cacerola donde están las cebollas; todo bien mezclado se hacen las morcillas y se cuecen. Cuando se quieren volver á cocer se pican un poco, se envuelven en un papel untando con manteca de vaca y se asan en las parrillas.

MORCILLA ESPAÑOLA.

Tómense doce ó quince cebollas bien picadas y fríanse en manteca, en la que se echará carne de vaca ó ternera, como dos libras de sangre, perejil pimienta, orégano, clavo, especia y un poco de pimenton, todo esto bien molido y sazonado con sal; llénense las tripas de vaca que se tendrán ya límpias y bien amarradas, se ponen á salcochar picándolas con una aguja por varios puntos para conocer cuando están cocidas. Despues de estar listas se enjugan con un trapo y se les unta bien con manteca, guardándolas de este modo y sirviéndose de ellas asadas á las parrillas, fritas ó bien con la salsa que á uno mas agrade.

LENGUA A LA MEJICANA.

Despues de estar bien limpia y haberla salcochado un momento, se coloca en una cazuela en la que se habrán puesto tres onzas de manteca, dos cebollas cortadas en pedazos, cuatro granos de pimienta en polvo, nnas hojas de laurel, tres ajíes dulces y unos dientes de ajo con unas hebras de azafran; póngase la cazuela á un fuego no muy fuerte con unas brasas sobre la tapadera. Al cabo de hora y medio y despues de estar sazonado con sal, se corta en pedazos y se le echa la salsa que mas agrade ó la misma que ella tiene y sirve.

CARNE DE PUERCO FRITA
A L ACRIOLLA.

Tómese la carne de puerco despues de haber estado un rato en salmuera, en que habrá cogido la sazon; cortese en pedazos iguales y póngase en una sarten con bastante manteca hasta que se halle bien frita. Sáquese despues y pónganse á freir en seguida plátanos pintones con un poco de arroz, que se echará sobre la carne para servirse.

FRITOS..

Con el nombre de frito se conoce el aderezo qu-
se le hace á toda especie de viandas, pescados, legum
bres y frutas, hecho en una sarten con manteca ó
aceite. Se usa generalmente de este aderezo tanto para variar los alimentos como para aprovechar una in-
finidad de piezas que se habian de desechar y para
componer otras en menos tiempo, siendo muy raro
el hacer un buen frito.

Conocido es que para hacerlo no hay como buena manteca que los hace salir mas finos y delicados.
Salen mas tostados y con una vista mas agradable.
Se debe preparar todo de antemano para hacerlo con
un grado de calor suficiente por medio de un fuego
activo ó moderado, segun se necesite, pero aun no
basta esto. Se compone de diferentes sustancias, y
por lo comun se emplea la manteca de vaca para las
cosas mas delicadas y la de puerco para las otras.
Estas grasas desleidas á un fuego lento y continuo
despues de clarificadas, se conservan en una vasija
para este efecto: hácense con ellas los buñuelos y todas las preparaciones en que debe entrar el azúcar
para hacerlas agradables. Como solamente el pescado
se puede rebozar perfectamente en harina, despues
de disecado para freirlo, cualquiera que sea la manteca puesta al fuego, es necesario tener cuidado de
preparar la pasta que servirá de rebozo á todo lo que
se echa.

Este rebozo se hace con buena harina, yemas de
huevos, un poco de manteca ó de aguardiente y corta cantidad de aceite.

TERNERA CON ALMEJAS.

Se tomará carne de ternera, que despues de cortada en pedazos se pondrá á freir con manteca, ajos, pimienta, tomates, una cucharada de aceite y un poco de perejil, todo muy menudo; échesele despues caldo y déjese cocer en él hasta que se halle ya tierna, poniéndose en seguida las almejas y sazonándolo todo con la sal necesaria.

COSTILLAS DE CERDO Á LA INGLESA.

Pónganse á un fuego templado en las parrillas despues de bien limpias y polvoreadas con un poco de sal molida y pimienta, y sírvanse despues con salsa picante ó preparada con mostaza.

GUISADO CRIOLLO.

Primeramente se ponen en una cacerola al fuego diez ó doce cucharadas de aceite con media docena de dientes de ajo quebrantados, unas hojas de laurel, harina y un poco de pimienta molida. Echese despues carne de la olla que está tierna; añádanse dos ó tres escudillas de agua, póngase la sal que se necesite con un poco de azafran y cominos y déjese hervir un rato, sirviéndose de este modo con papas cocidas, se deseca y tendremos un guisado muy apetitoso.

APORREADO CRIOLLA Á LO MAYAMES.

Tómese carne de ternera ó vaca, que se partirá en pedazos pequeños y se pondrá á salcochar sazonada con sal, un poco de orégano y unas gotas de zumo de limon: despues de cocida se machaca en un mortero para poderla deshilachar con mas facilidad. Fríase en una sarten con manteca, sal y un puñado de perejil, tomates, ajos y cebolla picada; váyase échando todo esto encima de la carne que esté ya preparada con un poco de vinagre y tendremos uno de los mejores aporreados que se usan en este pais.

GUISO ITALIANO.

A libra y media de ternera cortada en pedazos pequeños, se le echan en una cazuela cuatro onzas de manteca con un puñado de perejil, dejándola sofreir nada mas. Al cabo de un rato se saca la carne y en la manteca misma se le echan cuatro granos enteros de pimienta, una cucharada de vinagre, un poco de mostaza, pepinillos y alcaparras; bátase todo esto muy bien con tres cucharadas de aceite, aumentándose un poco de caldo de la olla y dejándose cocer la carne se verá un guiso sabroso.

PLÁTANOS RELLENOS.

Tómense plátanos grandes pintones, pártanse por la mitad y pónganse á salcochar con su correspondiente sal y unas gotas de vinagre. Despues de salcochados ábraseles un hueco á lo largo de cada pedazo del plátano para rellenarlo del modo siguiente: se pone á freir con manteca, carne de puerco cocida, tomates, ajos, pasas, alcaparras, perejil y zumo de limon, todo esto muy picado, rellénese con esta masa los plátanos, envuélvanse en seguida en harina con huevos batidos, vuélvase á freir y sirvase de este modo.

PERDICES CON COLES.

Una col de tamaño regular se corta por en medio y se blanquea en agua hirviendo; despues de ha-

berla sacado y escurrido se esprime toda el agua que
sale de ella y se atan los dos pedazos á una con dos
perdices bien desplumadas, destripadas y chamusca-
das, á las que se deberan torcer las patas y que aun
puedan mecharse. Se ponen en el fondo de una cazuela algunas lonjas de tocino con sesos, salchichas,
zanahorias y cebollas; á todo se le echa sal y pimienta y se pone al fuego. Cuando esté cocida la col se
saca, se parte para que salga todo el caldo y se ponen
las perdices con las coles partidas en tiras: sobre cada una de ellas se coloca la mitad de una salchicha,
un pedacito de tocino y otro de sesos cortados. Se separará el cocido y sirven las coles.

AVES EN ADOBO.

Primeramente se desplumán, se chamuscan y se
les quitan todas las tripas; se ponen despues con lonjas de tocino en el fondo, quitadas las patas, el pescuezo y los alones, agréguense zanahorias, cebollas,
perejil y manos de ternera, todo mojado ó picado
con caldo ó agua y un vaso de vino blanco. Se pondrá á cocer á fuego lento y cuando esté en su punto
se sacará y pasará por un tamiz lo que quede: déjes e
enfriar y cúbrase todo con la gelatina. Si se pueden
quitar los huesos á las aves será mejor.

RIÑONES CON VINO.

Se les quita primero la película que los rodea
para abrirlos y picarlos, se colocan despues en una
fuente con un poco de manteca polvoreada con harina, y cuando estén cocidos póngaseles un vaso de vino, sazónense con sal y añádanse yerbas finas muy
picadas.

PICHONES CON CHICHAROS.

Despues de limpios y detripados se ponen en una cazuela con pedazos de tocino, se humedecen bien con caldo y una cucharada de harina, échensele encima los chícharos y déjese cocer á un fuego lento, sazonados lo bastante con sal y un poco de azúcar que se le echará al sacarlos para la mesa.

FRICASÉ DE POLLOS.

Se divide el pollo en pedazos y se pone á freir en una cazuela con manteca. Despues de fritos se ponen en la misma manteca que queda en la cazuela, perejil, cebolletas picadas, papas, sal y especias y téngase un momento al fuego: se le echa un poco de vino blanco y se hace disminuir la salsa á un fuego vivo. Echense los pedazos del pollo p ara que estén calientes, y luego se pondrá todo en el plato para sa carlos á la mesa.

POLLOS Á LA TURCA

Despues de limpios y cortados en pedazos como para el fricasé se echan en cazuela, primero las patas y cinco minutos despues los demás pedazos con una buena dósis de aceite y sal. Hágaseles hervir en este aceite hasta que tomen color, y antes que se acaben de cocer se le echará un macito de todas clases de yerbas. Se les puede añadir tambien papas y criadillas; póngase en un plato cuando este todo cocido. Se tiene preparada una salsa italiana con la que se revuelven bien, pudiendo ya servirse á la mesa adornados si se quiere con huevos fritos y cortezas de pan.

SALPICON

Se puede hacer el salpicon con toda clase de carnes y legumbres; pero con la particularidad de que tanto estas como aquellas han de estar cocidas antes.

Se toma una porcion igual de molleja de ternera, hígado, jamon, criadillas de tierra todo cortado en pedazos pequeños; échese todo esto en salsa española y hágase cocer revolviéndolo. No se le debe dejar hervir: esta es la regla general que ha de servir para todos, aunque varien los ingrediente.

SESOS DE TERNERA A LA CUBANA.

Pónganse los sesos en agua caliente, quítensele las membranillas que los cubren, déjense en el agua por tres ó cuatro minutos, pónganse á hervir en seguida con vino generoso, añádansele unas cebollas picadas, hojas, de laurel y un poco de perejil bien picado, sal y pimienta: despues de cocidos se pasan por un tamiz, se frien unas cebollitas aparte hasta que tomen color, y se añade un poco del mismo vino con que se ha cocido.

HIGADO Á LA INGLES.A

Se corta en pedazos muy delgados, poniéndolos en seguida á las parrillas polvoreados con sal y pimienta dándoles vueltas y procurando que no se tuesten mucho; al servirlos se colocará entre uno y otro pedazo manteca con perejil picado

MANTECA DE PAPAS.

Póngase á cocer en un horno una cantidad de papas

de buena calidad, se envuelven con paños mojados; despues de cocidas se mondan perfectamente y se machacan dentro de un almirez con manteca de vaca, un poquito de sal y unas yemas de huevo, un poco de leche para formar una masa que no sea muy fuerte y el zumo de un limon despues de hacerlo pasar por un cedazo.

TORTA DE HIGADO.

Se toma hígado de ternera y se machucará con media libra de manteca y otro tanto de tocino, se mezcla todo con papas, cebollas cortadas pasadas por manteca, seis huevos, sal, pimienta y medio vaso de vino blanco, se prepara el fondo de una cazuela con lonjas de tocino, poniendo en ella todo el picado con criadillas en rebanadas y se vuelve á cubrir con lonjas de tocino. Todo se pondrá á un fuego lento con una cobertora llena de brasas; cuando se haya cocido se saca y se deja enfriar en la misma cazuela, luego se despega la torta con agua hirviendo, dándole vuelta sobre un plato para quitar las lonjas de tocino que se hayan pegado y polvorearlas con rayadura fina de pan.

PIERNA DE CARNERO.

Quítesele los huesos y póngase con manteca de vaca hirviendo hasta que tome el color que tiene al salir del asador. Se sazona con sal, especias y perejil; déjese en seguida cocer á fuego lento, revolviéndola de cuando en cuando hasta que esté cocida, sáquese á la mesa con el mismo jugo ó con habichuelas ó papas: estas se pueden hacer cocer con el mismo jugo de la pierna despues de estar pelada.

GIGOTE CUBANO

Se toma carne de cualquier clase de ganado, volatería ó caza que esté cocida, ó carne de varias clases á la vez: se añaden algunas salchichas, se pica todo, se adereza con perejil, cebollas, migas de pan y dos huevos batidos; se pone la carne en una cazuela y esta al fuego con una porcion de manteca y harina; échesele caldo y se deja cocer media hora á un fuego lento.

RELLENO DE CARNE DE AVES.

Tómese carne cruda de una gallina á proporcion de la cantidad de relleno que se quiera hacer, se le quitan todas las fibras, se pica y se machaca bien, se añade igual cantidad de tetilla de vaca cocida y fria, ó en su lugar de manteca é igual cantidad de pan tierno empapado en leche bien escurrido y estrujado en una servilleta, todo bien machacado; póngase una yema de huevo, píquense otras dos y añádase sal, pimienta y moscada rapada; se pasa el relleno por un tamiz apropósito y se mezclan dos claras de huevos batidas en el estracto sobre una mesa un poco enharinada, amóldese convenientemente, hágase cocer ó embeber en un poco de agua ó caldo y córtese para asegurarse de si está bien consistente y salado. Estas tortillas se toman en la cuchara ó rodando sobre la mesa; sirven para aderezos, y el mismo procedimiento se emplea para cualquier especie de carne.

RELLENO COMPUESTO.

Tómese un pedazo de ternera y tuétano de buey, y se corta todo muy menudo; hágase lo mismo con riñones de buey, mézclese despues todo y amásese; se le pone sal; pimienta, especias, perejil y tomillo; mézclese con algunos huevos y se vuelve á amasar con algunas gotas de zumo de limon; si resulta demasiado clara se añade una ó mas capas cocidas con manteca, y si al contrario espesa, agua, désele la forma y consistencia de relleno y se cubre con perejil y cebolleta cortada en pedazos muy menudos.

POLLOS CON SALSA DE POBRE.

Este es un modo de componer pollos pronto y de escelente gusto. Despues de límpios se hacen cuartos, se frien con tocino ó aceite y se tiene preparado un puchero con agua sazonada con sal; en seguida se machacan ajos de modo que sobresalgan con pimienta, azafran y agráz: todo esto se machaca junto y se deslie con agua del puchero; que dé dos hervores con un puñado de pan rayado, se tienen los pollos compuestos en una tartera, se les echa la salsa por encima y que dén otros dos hervores.

SEGUNDA PARTE.

Menetras, salsas, legumbres, frituras y menudencias.

SALSA GENERAL.

Tómese la cantidad que se quiera del caldo de la olla, á la que se le echa la cuarta parte de vino blanco, un poco de pimienta molida, media cucharada de manteca, un polvo de harina, vinagre y sal; caliéntese todo dándole vueltas continuamente, y esprímanse unas gotas de limon ó naranja al tiempo de usarla para toda clase de aderezos.

SALSA ESPAÑOLA.

En una cazuela se pondrán caldo con un poco de vino blanco, perejil y cebollas picadas, dientes de ajo, clavo, especia, cuatro cucharadas de aceite y culantro; póngase todo á hervir, se sazona con sal y puede servirse.

SALSA DE TOMATES Á LA GITANA.

Una escudilla de caldo revuelto con un poco de pimienta molida, manteca y el zumo de quince ó veinte tomates bien maduros, póngase á cocer meneándolo contínuamente hasta depurarlos; auméntese caldo, pásese en seguida por un tamiz, póngase en una cazuela aumentado con dos ó tres cucharadas de salsa española, ó sinó simplemente con caldo, sazónese con sal y déjesele dar un hervor.

SALSA PARA LEGUMBRES.

Macháquese en un mortero media docena de dientes de ajos con unos granos de sal, perejil y pimienta; añádase despues como una escudilla de caldo, que se echará en el mortero con cuatro ó seis tomates asados, se le agrega cebolla muy menuda y machacada, y despues de haberlo revuelto y desmenuzado bien se pone á la lumbre, teniendo cuidado de retirarlo al momento que se vea que quiere empezar á hervir.

SALSA Á LA ITALIANA.

Primeramente se pondrán cuatro cucharadas de manteca y una de harina, dejándolo socarrar (1) á fuego lento; en cuanto reciba color se le añaden cebollas cortadas en pedazos, sobre las que se echará caldo; se deja hervir por espacio de media hora, se le quita la gordura y ántes de servirla se le eeha sal, pimenton. mostaza y un poco de vinagre.

SALSA Á LO GUAJIRO.

Se toma la cantidad de caldo que se necesite y se pondrá á hervir con un pedazo de plátano bien machacado y cocido; déjese hervir con el caldo hasta que se reduzca á la mitad con una cucharada de manteca, puesto á fuego fuerte, retírese ántes que se ponga demasiado espesa y se le echan unas gotas do zumo limon. Esta salsa se usa siempre fria.

SALSA VERDE.

Tómense espinacás que se picarán y estrujarán para saçarles el jugo, y se pondrán al fuego para que se vayan sazonando, se escurren bien sobre un tamiz y se revuelven con salsa picante.

SALSA PICANTE.

Póngase en una cacerola medio vaso de vinagre

---

(1). *Socarrar; lo mismo que pasar una cosa por el fuego de modo que no quede ni muy cruda ni muy asada.*

y tres granos de pimienta, tomillo y unas hojas de laurel; déjese al fuego y se le añaden cuatro ó seis cucharadas de salsa española y otras tantas de caldo, déjese mermar hasta que tome la consistencia de una papilla.

CEBOLLAS RELLENAS

Se asan en ceniza caliente cebollas gruesas, y en estando asadas se mondan y se les quita todo lo interior, llénese esto con relleno cocido y cúbrase la superficie con migas de pan, poniéndolas despues al hornillo.

También se rellenan estando crudas.

LENTEJAS.

Se cuecen las lentejas en una cazuela con un poco de manteca, sal, pimienta y un puñado de perejil puesto todo á fuego lento. También se puede cocer con un poco de tocino ó salchichon, ó bien simplemente con sal para prepararlas despues con cebollas.

MAIZ Á LA HABANERA.

Se toma una cazuela en la que se pone á cocer el maiz por espacio de tres ó cuatro horas, se le quita la cáscara ó pellejito que tiene, se pone despues en agua con azúcar, anís y unas hojas de menta ó yerba buena, se deja cocer un rato con manteer y se saca en seguida. Si en este tiempo no se ha puesto blanco se deberá poner el dia ántes con ceniza.

FRICASÉ DE POLLO.

Destripado y límpio que se halle un pollo se cor-

ta en cuartos que se pondrán á remojo por poco tiempo en agua templada; en seguida se coloca en una
cazuela con una cucharada de manteca y otra de harina, se agrega vaso y medio de agua con sal, pimienta, un puñado de perejil, nuez moscada y cebollas,
revuélvase el pollo con esos ingredientes, déjesele
cocer por media hora; hágase en seguida una salsa
por separado con lo mismo y huevos con unas gotas
de naranja y se deja cocer un rato mas.

CEBOLLAS RELLENAS CON CARNE.

Píquese la carne con todas especias, pan rayado,
sal, perejil y huevo. Se mondan las cebollas y se les
quitan los cascos de dentro; rellénense los huecos de
carne, póngase á cocer en una cazuela, compóngase
una salsa compuesta de tocino machacado con perejil,
papas, nueces y un polvo de canela. Cuando esté la
carne cocida se echa por encima la salsa y se deja á
la lumbre.

ESPÁRRAGOS.

Puestos en agua un rato los mas tiernos, se cuecen con sal y se dejan con la mitad ó menos de agua,
se echan unos huevos para que se cuajen sin ponerse
duros; se ponen en una fuente con poca agua y se les
echa por encima aceite frito, con ajos, pimenton, un
poco de especias y unas gotas de vinagre si agrada.

JUDIAS VERDES.

Se cuecen bien con agua, sal y cebolla; despues
se les quita el agua y se frie aceite, ajos, tomates y un
poco de pimenton, se pasa el puchero en que están
las judías á un fuego lento, tapándolas y meneándolas
de vez en cuando.

ALCACHOFAS RELLENAS.

Se les quitan las hojas esteriores, se cuecen en agua y sal, se pone manteca en una cazuela y despues de rellenas las alcachofas con un picado de ajos, perejil y pan rayado, se las pone en ella á fuego lento, tapando la cazuela con una tapadera rellena de rescoldo hasta que se tuesten.

PAPAS Á LA CUBANA.

Póngase á cocer papas en una cazuela con caldo, despues de haberle echado aceite, un poco de pimienta molida, cebollas y perejil, sazonado todo con sal; cuézanse hasta que se vayan secando y fríause despues con aceite con un poco de vinagre.

CHICHAROS Á LA AMERICANA.

Se toman tres libras de chícharos que se ponen en una cazuela con un cuarteron de manteca de vaca y un ramito de perejil, y si se quiere con un cogollo de lechuga ó col, tres ó cuatro cebollas pequeñas, un poco de sal y azúcar. Revuélvase todo y hágase hervir á fuego lento por espacio de media hora. Se saca el ramito de perejil y se añade un poco de manteca amasada con harina.

CHICHAROS EN ENSALADA.

Se cuecen primero en agua y se escurren despues dejándolos enfriar. Algunas horas ántes se sazonan con pimienta, sal y vinagre y se cubren con cuidado. En el momento de sacarlas á la mesa se les esprime el agua que han dado y se sazonan con aceite.

SALSA MADRILEÑA.

Un trozo de manteca que se tome con un poco de harina y unas gotas de vinagre, medio vaso de agua y nuez moscada y un par de yemas de huevo, todo bien batido, se pone al fuego y se menea de contínuo, teniendo cuidado de que no hierva.

SALSA HABANERA.

Tómese una cucharada y media de calabaza cocida, tomates asados y pelados, ajos, pimienta y pan rayado; macháquese todo con ajíes dulces y una cebolla blanca, agréguese caldo de la olla y despues de bien sazonado con sal, se pone al fuego á calentar bien, echándole unas gotas de vinagre.

TOMATES RELLENOS.

Tómese una docena de tomates, que se les cortará un poco por la parte inferior, vaciándolos en seguida con una cuchara, teniendo cuidado de que no se abran. Pásese esta pulpa con el objeto de estraer las pepitas y se reducirá á salsa bien espesa. Póngase en una cazuela dos cucharadas de aceite, perejil, ajo, chalotas picadas, y pásese todo por el fuego. Se le echa un poco de lardo picado, unas migas de pan mojadas con caldo y la sustancia del tomate bien prensada, pimienta, sal, nuez moscada y dos yemas de huevo. Se forma una pasta de lo dicho, con lo que se rellenan los tomates, se les echa un polvo de rayadura de pan, se ponen en una cazuela, se les echa por encima un poco de manteca, y se hacen cocer con fuego por debajo y por arriba.

PAPAS ESTOFADAS Á LA CUBANA.

Se pondrán á cocer papas, que despues se partirán en pedazos para echarlas en una cazuela con tres ó cuatro cucharadas de manteca, unos granos de sal, pimienta y orégano, déjese freir un rato, al cabo de este tiempo se le echa perejil, cuatro dientes de ajo machacados y unas gotas de limon, dejándolo hervir.

PAPAS Á LA ESPAÑOLA.

Se pelarán estando crudas, poniéndolas á freir en seguida con pimenton hecho pedazos no muy chicos, añadiéndole despues agua con dientes de ajo, cominos, culantro y una papa cocida; todo esto bien machacado en el mortero, se deslía con un poco de vinagre y sazonado con sal se le echará á las papas.

PAPAS Á LA VALENCIANA.

Cocidas ya las papas, se cortan en pedazos que se pondrán en una cazuela en una escudilla de caldo, manteca, perejil, huevos y un par de cebollas, todo picado con cominos.

PAPAS FRITAS.

Se cortan en ruedas, se lavan y se echan en aceite muy caliente, echándolas sal.

PAPAS Á LO FONDISTA.

Córtense en pedazos delgados despues de cocidas; póngase en una cazuela con manteca de vaca fresca, perejil y cebolleta picada, sal, pimiento, un poco de vinagre y se sirven calientes.

PAPAS RELLENAS.

Se lava y se pela una docena de papas, vaciándolas lo mas que se pueda con un cuchillo ó cuchara. Cuézanse otras dos papas en la ceniza, dos chalotas picadas, un poco de manteca de vaca, tocino, perejil y cebolleta; píquese todo junto con sal y pimienta hasta que se forme una pasta unida; úntese el interior de las papas con manteca de vaca, rellénese bien todo el interior, póngase manteca en el fondo de una cazuela y échense dentro las papas poniendo fuego encima y debajo. Transcurrida una hora ó media, se retiran del fuego.

PAPAS EN ENSALADA.

Despues de estar cocidas y peladas. se cortan en pedazos y se aliñan con vinagre, sal y pimienta.

PAPAS Á LA FRANCESA.

Lo mismo que las anteriores, con la diferencia que se revuelven con manteca ántes de servirse.

ALBONDIGUILLAS DE PAPAS.

Despues de cocidas y peladas se machacan en un mortero con yemas de huevo y azúcar. Se le agrega despues anís con canela y se amasan enharinadas para ponerlas á freir con manteca, echándolas canela por encima.

ÑAME A LO GUAJIRO.

Despues de estar cocido se parte en pedazos y se pone en una cazuela con manteca, un poco de perejil y cebollas; fríase por un rato y al cabo de este tiempo échensele dos escudillas de leche, azúcar en polvo, lo mismo de anís y canela y déjese cocer con unas gotas de vinagre.

COLES RELLENAS.

Escójase la col que tenga las hojas mas apretadas, quítensele las hojas de fuera y el troncho y póngase en una cazuela; se le echa encima agua hirviendo para quitarle el mal gusto y que las hojas se separen para rellenarla con facilidad; se le vá colocando el relleno hecho con ternera y cardo picado, luego se ata y se pone á cocer con poco fuego por espacio de cuatro horas en una cazuela, en la que pondrán tambien desperdicios de carne, zanahoriar, cardo, salchichas y alguna otra cosa, si se quiere. Se le añade un poco de caldo y se pone á la mesa con la misma salsa mezclada con fécula.

COLIFLOR EN ENSALADA

Se le quitan las hojas esteriores, se le echa agua hirviendo que contenga sal y harina deshilada, conservando por este medio su blancura; se conoce que está cocida cuando cede á la presion del dedo; se sazona con sal, pimienta y vinagre y se sirve de este modo.

ÑAME Á LO TRINITARIO.

Cuézanse con sal y despues de pelados se hace

una pasta que se pondrá en una cazuela con tres cucharadas de manteca, un poco de yerba buena y tres escudillas de agua, se cuece todo junto por espacio de cinco minutos; se sacan y se revuelven con tres ó cuatro huevos, se hacen unas pelotas de ellas con azúcar y canela, que se volverán á freir un poco, quedando listo para comer.

PLATANOS SALCOCHADOS.

Cortados en pedazos se ponen á cocer con la cáscara, echándoles sal; se les quita despues y se colocan en una fuente con un poco de mantequilla.

TORTILLA DE MALANGA.

Póngase á salcochar malangas, que se pelarán y machacarán despues de cocidas con un poco de leche, échense tres cucharadas de manteca con perejil picado, anís y yemas de huevo, con azúcar revuelta con canela, hágase todo una pasta y fríase con manteca.

COLES EN ENSALADA.

Despues de lavadas con agua y sal, se salcochan se las deja escurrir el agua despues de salcochadas y cortándose en pedazos se ponen á freir en aceite, ajos y una hoja de laurel polvoreada con pimienta; échese el agua hirviendo sobre la col, désele un par de vueltas, agregándole un poco de vinagre y se verá que gusto le queda.

QUIMBOMBO HABANERO.

Cójase quimbombó que ya esté completamente

hecho córtesele la cabeza y la punta, lávese bien y póngase á cocer en agua sazonada con sal échensele despues de cocido como dos cucharadas de manteca, en la que se habrán frito cuatro ó seis dientes de ajo con una hoja de laurel, un poco de pimienta y un par de cebollas; échese todo esto al quimbombó, como hemos dicho; déjese reposar un poco al fuego y puede servirse cuando guste.

BERENGENAS ASADAS.

Pártanse á lo largo por la mitad para quitarles las pepitas, córtense despues en rebanadas, que se colocarán en una cazuela para adobarlas con yerbas finas, un poco de orégano, culantro, pimienta, sal y una cucharada de vinagre, despues de estar bien empapadas en el adobo, se ponen á las parrillas para asarlas, humedeciéndolas con la misma salsa.

CHAYOTE EN ENSALADA.

Despues de bien lavado el chayote con agua y sal, córtese en torrijas pequeñas, póngase en la fuen- y revuélvase con aceite y vinagre con un poquito de canela molida.

CALABAZA EN ENSALADA.

Lo mismo que la anterior, como igualmente la de brócoli, de cebollas, frijoles negros, remolacha y berros.

AJIES DULCES ASADOS.

Se necesitan que sean de los mayores para que queden bien Se ponen asar en las brazas y despues se les quita el pellejo; bótense las pepitas que para nada sirven y pártanse en pedazos que se harán partiéndolo de arriba para abajo. Se les agrega, colocados ya en un plato, cebolla partida en ruedas con sal, aceite y vinagre.

CHICHAROS CON HUEVOS.

Se pondrán á salcochar los huevos y despues se echarán en agua fria para quitarles la cáscara, así que se hayan enfriado. Macháquese media cabeza de ajo y perejil, que se pondrá á freir con media escudilla de manteca agregándole tomates, ajíes dulces y un poco de orégano; despues de frito se le echarán los chícharos con papas, que se pondrán á cocer con el agua necesaria. Pártanse los huevos en pedazos, formando ruedas, y échense dentro; sazónese con sal, pimienta y un poco de aceite, déjese dar un hervor y puede servirse.

TORTA DE CASABE.

Rállese yuca y póngase en seguida en agua; esprímase bien para que suelte la parte acuosa, la porcion que quede es lo que forma el casabe, que tostándolo bien queda hecha la torta que llamamos así y que comemos frita con manteca.

GAZPACHO ANDALUZ.

Macháquense ajos, sal, pimenton y pan mojado; despues de machacados se le echan dos ó tres cucharadas de aceite, se revuelve y se estiende sobre pedacitos de pan que estén en una fuente; se pican cebollas, puerros y ajíes dulces, se les echa agua y vinagre y bien sazonado con sal se sirve en seguida.

GARBANZOS CON ARROZ.

Despues que hayan estado en remojo y que se vea que no están duros, se ponen á cocer, echándoles como dos cucharadas de aceite; estando ya cocidos se le echan ajos, cebóllas con pimienta y sal, agréguesele un poco de azafran y échesele esta salsa junta con el arroz, dejándolo cocer.

ARROZ CON ALMEJAS.

Se lavan primero bien y puestas á cocer se abren y se hace una fritura con manteca, perejil, cebollas picadas, ajos y azafran; échese la cantidad de agua que se necesite para poder cocer el arroz y sazónese con sal y un poco de pimienta.

ALMEJAS Á LA CRIOLLA.

Lo mismo que la anterior, echándolas menos cantidad de agua.

FRIJOLES NEGROS.

Se ponen á cocer los frijoles hasta que quieran empezar á reventar, se frien despues ajos con pimientos dulces, cebollas y dos ó tres tomates; se echa todo en la cazuela de los frijoles y se revuelve bien.

FRIJOLES NEGROS Á LA ISLEÑA.

Tómese tasajo del bueno y póngase á cocer con agua; así que empiece á hervir se le echan los frijoles con pedazos de yuca, malanga, especias y un poco de tocineta; se deja cocer todo, y despues de sazonarlo con sal, se le pone cebolla y ajos fritos con un poco de azafran.

TORTILLAS DE GARBANZOS.

Cuézanse los garbanzos con buen caldo y machá- quense despues en un almirez; mézclese una canti- dad proporcionada de azúcar y se hace una empana- da que se dividirá en partes iguales, cubíertas con huevo batido, poniéndolas á freir en una sarten, ha- ciéndola tomar color por las dos caras.

GARBANZOS Á LA AMERICANA.

Se ponen á remojar primero en un cocimiento de plátanos y acelgas; despues de remojados se les hace cocer con un poco de aceite crudo, se añaden cebollas fritas con especias, dientes de ajo machaca- dos, poniéndose la sal necesaria y un poco de arroz.

ARROZ Á LA VALENCIANA.

Despues de lavado en dos aguas y frotado bien hasta que quede limpio, se pone á cocer carne de gallina sazonada con sal, se frien ajos, cuatro ó seis tomates, pimientos dulces y un pedazo de tocino; se echará todo en donde esté la gallina en pedazos, que se revolverá bien con el arroz, echándole un polvo de pimienta molida y azafran; se deja que se vaya cociendo hasta que haya mermado lo bastante, que es la señal de estar ya en estado de sacarse á la mesa.

ARROZ Á LA CUBANA.

Echese en una cazuela como una libra de arroz, lavado como hemos dicho en la anterior; se pone á cocer con fuego vivo y despues de haberle sazonado, se deja que se vaya secando; fríanse aparte ajos con manteca y cuando se hallen rojos se echarán de golpe sobre el arroz, meneandolo bien.

CALABAZA ESTOFADA Á LA ITALIANA.

Hecha pedazos la calabaza se pone á cocer con una cucharada de aceite y sal; despues de cocida póngase en un puchero, en el que se habrán echado tres cucharadas de manteca, pimienta en grano y perejil bien picado, déjese cocer hasta que se evapore toda la manteca y échese en seguida caldo hirviendo, con lo que se revolverá bien sacándola al momento.

COLES CON TOCINO.

Divídase la col en pedazos, echándola así en la olla con un trozo de tocino y un salchichon; se sazona y se hace hervir por de pronto y despues cocerse á fuego lento; cuando ya está en sazon, se adereza con el tocino por encima se reduce el cocimiento y se añade un poco de manteca mezclada con harina para servirla sobre ella.

PEPINOS DE VIGILIA.

Limpios, cortados y cocidos, se pasan por manteca sin que tomen color, se sazonan y se cuecen á fuego lento, y cuando ya están en su punto se retiran y se sirven con una salsa cualquiera de vigilia pasada por tamiz.

PEPINOS RELLENOS.

Despues de pelados los pepinos, se les ahuecan los estremos con el cabo de un mechador ó de una cuchara de cocina; se le echa relleno cocido, tapando las aberturas con una rodajita de nabo en figura de corcho; se prepara una cazuela con lonjas de tocino y se ponen encima, mojándolas con caldo; se cuecen así á fuego lento y al punto de servirlos se escurren y se echa encima la salsa que se haya pasado por tamiz. Tambien puede servirse con salsa de tomates.

CALABAZA Á LA MADRILEÑA.

Póngase en una cazuela pedazos de calabaza y échesele un poco de pimienta molida, zumo de tomates unas hojas de menta, pan rallado, cebollas, ajos y perejil, todo bien picado; póngase la cantidad de aceite que se necesite, segun la cantidad de calabaza que se quiera preparar, póngase al fuego y déjese cocer dándole un par de vueltas.

YUCA REBOZADA CON HUEVOS.

Se póne á freir la yuca despues de haberla salcochado primero: se baten huevos revueltos con migas de pan y canela y se pone á freir la yuca cubierta con este batido.

JUDIAS VERDES Á LO COSTAFIRMEÑO.

Primero se les sacan todos los hilos y se lavan

echándolas en agua hirviendo con sal, pudiendo conservarse verdés despues de cocidas echandolas en agua fria. Se escurren, se ponen en una cazuela con manteca fresca, un polvo de harina, perejil y cebolla picada, sal y moscada.

LECHUGA DE VIGILIA.

Se toman lechugas gordas y bien apiñadas, se sacan las hojas verdes y se hacen blanquear diez minutos en agua hirviendo. Cuando esten frias y bien secas con un lienzo, se les hace una pequeña incision con un cuchillo y se introduce una poca de sal pimienta y moscada, póngase en una cacerola cebollas, un pequeño ramito compuesto; se colocan las lechugas y se vierte agua encima para que pueda nadar un poco. Se añade en seguida un pedazo de manteca de vaca, una poca de sal, un clavo y cubriéndose con un papel untado de manteca, se deja cocer dos hora con fuego encima y debajo.

LECHUGA RELLENA.

Se le quitan las hojas á una lechuga que las tenmas abundantes y apiñadas, se lavan bien con agua hirviendo, se colocan despues en agua fria y se escurren. Estiéndense en una hoja para ponerles el relleno, sea de carne ó de vigilia, se atan y hacen cocer en una cacerola con jugo ó caldo ó con manteca de vaca si es vigilia, y despues de cocidas se sirven con su misma salsa,

POTAGE DE GARBANZOS CON ARROZ.

En una cazuela se ponen á cocer los garbanzos que se quieran, con aceite; despues de cocidos, se machucan ajos, cebollas, un poco de culantro y perejil, con especias póngase sal y revuélvase bien, echando el arroz en seguida.

MALANGA Á LA CRIOLLA.

Se toman malangas, que se pondrán primero á asar, machacándolas en seguida en el mortero. Despues se les pone manteca, perejil picado y anis con huevos batidos; se revuelven bien y se agrega un poco de canela, poniéndose á freir despues de hecho una pasta, dándosele la figura que se quiera.

PLÁTANOS FRITOS Á LO TIERRA-ADENTRO.

Tómense plátanos pintones y pártanse por la mitad poniéndolos á freir en manteca despues de haberlos prensado un poco entre dos paños, y agréguese un par de huevos batidos para servirse á la mesa.

HABICHUELAS Á LA ESPAÑOLA.

Se ponen á cocer con agua y sal, y despues de cocidas se les agregan tres cucharadas de manteca, cebollas picadas, pimienta molida y una cucharada de harina frita; se sazona con sal y se deja cocer hasta que disminuya la salsa.

POTAGE DE CHICHAROS.

Póngase manteca en una cazuela, un puñado de perejil, unas hojas de lechuga, un pedazo de calabaza, otro de ñame cocido, cuatro cebollas blancas con unas hebras de azafran y déjese sofreir un momento, agregándosele despues tres ó cuatro escudillas de caldo; y sazónandose con sal se sirve despues de cocido.

REMOLACHA A LA HABANERA.

Despues de haberla cocido y cortado en pedazos se pone á cocer en una cacerola con manteca, un puñado de perejil cebolla picada, ajo, vinagre, sal, pimienta y un poco de harina y al cabo de un cuarto de hora puede servirse, si se quiere como ensalada, y si no con salsa blanca

NABOS Á LA INGLESA,

Se ponen á cocer los nabos con algunas papas pequeñas en agua, colocándose despues en un plato. Derrítase en una sarten manteca y sal, y viértase en seguida sobre los nabos.

PATATAS Á LA POBRE ESPAÑOLA.

Se ponen á cocer en una olla de hierro con agua y sal, se sacan despues y se pelan, se les quita el agua de la olla y se vuelven á echar peladas, se tapa bien la olla se pone otra vez al fuego para acabarlas de cocer; pero se advierte que ha de ser de hierro, porque de otro modo no resistiria el fuego faltándole el agua: quedando las papas para servirse de ellas en lugar de pan.

YUCA Á LA ANDALUZA CRIOLLA.

Despues de cocida en agua con sal, se pone por un rato en aguardiente ó zumo de limon ó naranja, echándose á freir en seguida con manteca.

CARDOS Á LA ESPAÑOLA.

Pónganse á cocer en agua hirviendo, hechos pedazos, despues de haberles quitado la peluza y lavado; aumentese una cucharada de harina y sal. En otra cazuela póngase un pedazo de tocino gordo y una cucharada de harina que debe tomar color; se le agrega despues una cucharada de caldo, un poco de perejil, sal y pimienta y se deja hervir por un cuarto de hora; pónense despues los cardos y se dejan hervir hasta que la salsa se haya mermado.

CONDIMIENTO O SALSA GENERAL PARA TODAS
LAS ENSALADAS, CRUDAS Ó COCIDAS.

Dos yemas de huevo duro se machacan en una salsera, se deslíen con una cucharada de vinagre, sal, pimienta y chalota picada muy menuda; se añaden dos cucharadas de aceíte, se deslie bien y se sirve de ella.

PASTA PARA TODA CLASE DE COSAS.

Sedeslíe harina con agua y una cucharada de aguardiente, otra de aceite y un poco de sal; bátase todo como una tortilla, déjese reposar cosa de media hora y en el momento de servirse de ella, se mezcla la mitad de un blanco de huevo batido con nieve. Cojiendo la pasta con una cucharada y levantandola en alto, debe hacer unos hilos bien largos. Si se emplea la flor de la harina con la mitad hay bastante.

CEBOLLAS CON HUEVOS Á LA PORTUGESA.

Se ponen á cocer algunas cebollas con manteca

fresca á un fuego lento. Cuando se hallen cocidas, se les pone sal, una cucharada de harina, un poco de azúcar y se vuelven á cocer del mismo modo; se le añaden los huevos duros eu pedazos iguales y se puede servir todo revuelto.

TORTILLAS CON QUESO.

Tómese queso que se pondrá á salcochar un momento, despues de lo cual se baten en una vasija huevos con sal, pimienta si se quiere, perejil y cebolletas picadas en pequeños pedazos, revuélvase bien con el queso y póngase á cocer con menteca.

TORTILLA CON RILLONES.

Lo mismo que la anterior, estando primero bien cocidos y sazonados

TORTILLAS DE ESPÁRRAGOS.

De la misma manera pero usando solo las puntas.

SALSA DE OSTRAS.

Con chalota picada muy menuda y bien revuelta con vinagre y pimienta se vierte fria sobre ellas,

COLIFLOR Á LA HABANERA

Echense en una cazuela un poco de perejil picado, sal, pimienta y orégano, revuélvase por un rato en esta salsa la coliflor despues de estar lavada y quitadas las hojas de la parte de afuera, póngase á cocer en seguida y revuélvase despues con un batido de huevos para freirla en una sarten con manteca y unos dientes de ajo.

HABICHUELAS Á LA CUBANA.

Póngase en una cazuela cuatro cucharadas de aceite, una y media de manteca, dos ó tres cebollas cortadas, un poco de perejil picado, una libra de carne de puerco fresca, cinco granos de pimienta y raspadura de nuez moscada; sazónese toda con sal y póngase en ella las habichuelas, que se dejará cocer con cuatro ó seis tazas de caldo, añadiendo zumo de naranja.

APIO Á LO CRIOLLO.

Se cuece en agua con sal el ápio ya cortado y lavado, añadiéndole una cucharada de harina y meneándolo de continuo; se saca despues y se le echa, colocado en un plato, salsa habanera ú otra compuesta de un poco de pimienta molida, huevos desleidos con vinagre, dos dientes de ajo machacados y una cucharada de aceite.

BROCOLES.

Lo mismo que la coliflor en ensalada.

CRIADILLAS DE TIERRA.

Esta es una yerba muy regalada: críase como las papas debajo de la tierra; se mondarán poniéndolas en remojo á pedazos se escaldan y en seguida se ponen á cocer separando el caldo con que se cocieren; vaciándolas en una cazuela, se les echa aceite, ajos fritos, componiéndo una salsita de caldo separado con todas especias, se deja que de un hervor, y si quedó algo del mismo caldo, se compondrá como de carne y será tan bueno que se dudará si es de carne ó de pescado.

ARROZ CON LECHE.

A cada cuartillo de leche se le echa media libra de azúcar; puesto al fuego á calentar con canela, raspadura de corteza de limon ó naranja y esencia de vergamota, al empezar á hervir se le echa el arroz, que estará á medio cocer, con sal, y se menea sin cesar para que no se corte la leche.

HABICHUELAS BLANCAS.

Se ponen á cocer en agua hirviendo, esperando que hierva el agua para echarlas dentro. Despues de cocidas se ponen en una cazuela en donde se habrá frito ántes cebolla picada con perejil, échense las habichuelas en ella y déjese freir un poco mas con sal, pimienta y vinagre que se habrá agregado. Si está muy seco se le agrega un poco de caldo, dejándolas cocer.

HABICHUELAS Á LA ALDEANA.

Se derrite en una cazuela un poco de tocino, se le agrega un polvo de harina y se deja tomar color; fríanse luego un instante las habichuelas como hemos dicho, añadiendo un poco de caldo, sal y pimienta y déjese hervir por media hora.

CRIOLLADA.

Tómese harina de maiz y se pone á cocer á fuego vivo; fríase aparte con manteca un poco de tocino desmenuzado, unos dientes de ajo con perejil picado, échese dentro la harina cocida ya y sazonada, revuélvase bien el todo, y cuando se halle bien espesa se saca para servirse de ella.

TORTILLAS YUCATECAS

Echese en una cazuela harina de maiz con la cantidad de agua que se necesita para que quede un poco espesa polvoréese con un poco de azúcar y anís, póngase á cocer meneándola de continuo, y cuando se vea que esté cocida lo bastante se deja enfriar y se amasa con huevos y mantequilla, dándolas la forma que se quiera para freirlas despues con manteca y sal.

ACELGAS COCIDAS EN ENSALADA.

Las acelgas hay que lavarlas muy bien y cortarlas en pedazos para ponerlas á salcochar en agua sazonada con sal; fríanse con manteca, ajos y perejil y revuélvase con las acelgas; hecho lo cual se sacarán para servirse con una ó dos cucharadas de vinagre y un poco de pimienta.

NABOS Á LA VIZCAINA.

Tómense nabos que se limpiarán y lavarán varias veces y luego se pondrán en remojo á fin de que no les quede tierra ninguna. Se escaldarán y cocerán en seguida con agua y sal, secándose despues de cocido s córtese cebolla en pedazos menudos, fríase con acete, quémese un poco de harina que se echará en los nabos con un polvo de pimienta, póngase todo á fuei go lento y désele una vuelta; añádasele cebolla si se quiere y si no destínese para componer judías ó garbanzos,

RAYA GUISADA.

Despues de limpia se le cortan las aletas; se po; ne en un caldero con agua fria, la suficiente para que quede cubierta; se le añade laurel, tomillo, zanahorías, cebollas, un poco de perejil, pimienta, clavosal, un vaso de vinagre y se tapa bien. Así que empieza á hervir se retira del fuego, pero no se saca del agua hasta que esta se haya entibiado, estráigase con un cuchillo el pellejo que tiene, póngase á calentar en el mismo cocimiento, sáquese y condiméntese con salsa blanca de alcaparras.

PICADILLO DE PUERROS.

Bien lavados que estén los puerros se cortan en tres pedazos, dejando la parte verde porque es dura; se blanquea con agua hirviendo, se sacan de ella despues de cocidos, se vuelven á blanquear con agua y sal y se escurren bien, prensándolos despues á fin de que suelten toda el agua: hecho esto se cortan como las espinacas, se ponen á freir en una cazuela con un poco de manteca, añadiendo un poco de harina, sal y pimienta. Se le echa un poco de nata, se deja acabar de cocer, y cuando la salsa haya tomado consistencia con dos yemas de huevo, se ponen al rededor de pan frito; si no es vigilia se sirven con grasa y en lugar de nata se les echa un poco de caldo y de jugo, y puede servirse sobre toda clase de carnes, costillas y fricandó.

JUDIAS CON VINO Á LA CATALANA.

Córtense cebollas en rebanadas, se les echa aceite, se le añaden judías con perejil picado, sal y pimienta, y despues de cortos momentos de estar cociendo se echa cebolla en manteca hasta que empiece á tomar color, se mezclan las judías y se humedecen con vino, sazonándolas con sal y pimienta.

BUÑUELOS CUBANOS.

Tómese malanga, boniato, yuca y un par de papas criollas, macháquense bien en un mortero hasta que la masa tenga bastante correa; fórmense con esto los buñuelos de la figura que se quiera: échense en una sarten á freir con manteca hasta que queden dorados; sáquense y revuélvanse con almibar y harina; polvoreándolos con un poco de anís quedan de un sabor esquisito.

BUDIN DE RAROZ.

Tómese media docena de huevos que se batirán bien con una cucharada de vino blanco y anis machacado, que se echará en una cazuela en donde habrá como una libra de arroz, despues de haberse cocido en leche con dos cucharadas de manteca, clavos de especia, un poco de canela, nuez moscada y limon con el azúcar suficiente. Se mezcla todo muy bien y se echa esta masa en la pudinera y se pone á cocer á fuego lento. Despues de estar cocida se le echa por encima como á todos los budines, azúcar y canela con algunas almendras si se quiere.

SALCHICHA GUINERA.

Se toma carne de cerdo y manteca á partes iguales, se pica muy menudo y se le echa sal, pimienta y especias, se envuelve en una vegiga de cerdo fresca, dándole una forma aplastada y un poco larga, poniéndola á las parrillas con poco fuego. Se sirve so-

bre coles. Se puede hacer freir tambieu en una sarten;
se adereza en un plato poniendo un poco de vino
blanco hecho reducir á la mitad en la misma sarten
donde las salchichas han sido fritas.

HIGADO DE CERDO Á LA INGLESA.

Se toma una libra y media de manteca fresca, se
pica lo mas menudo que se puede, picándose tambien
dos libras de hígado, una chalota, una cebolla, ajos,
laurel y un poco de tomillo y mézclese con el hígado
á la manteca; pónganse en el fondo y en los bordes
interiores de un molde ó cazuela, unas tajaditas muy
delgadas de tocino, métase en seguida el picadillo y
cuézase todo en el horno una hora y media.

ÁPIO EN ENSALADA, Á LO BAYAMÉS.

Arránquense primero las hojas verdes y poco
unidas que se hallen á la raiz, lávensele los piés unos
tras otros en varias aguas, se blanquean, escurren y
se ponen en una cuzuela con manteca y harina, mojándolo todo con caldo; se sazona con sal, pimienta
molida y nuez moscada rallada, y cuando se ha cocido se añaden algunas cucharadas de sustancia.

ÁPIO CON CHICHAROS.

Córtese el ápio en trozos muy pequeños, se escurren y echan en manteca, polvoreándolos con harina y mojándolo todo con caldo; se sazona con sal;
cuando esté cocido se mezcla con un batido de yemas
para servirse con los chícharos.

ESPÁRRAGOS CON CHICHAROS.

De la misma manera que la anterior.

ÁPIO GUISADO Á LA ITALIANA.

Despues de haber blanqueado el ápio, metiéndolo varias veces eu agua hirviendo, se le quitan las hojas verdes y se deja oscurir hasta que se seque. Póngase en una cazuela cortado en pedazos, en la que se habrá echado manteca, tres cucharadas de harina, caldo, pimienta en polvo y nuez moscada; déjese cocer y agréguese despues un poquito de azfran, sazonáudolo con sal.

BERENGENAS ASADAS.

Se parten por la mitad, se les quitan los granos y se les hacen incisiones en su parte carnosa, polvoreándolas con sal, pimienta y nuez moscada; se untan con aceite y se ponen á las parrillas.

SUSTANCIA DE CALABAZA.

Se corta la calabaza en pedazos que se hacen cocer en agua con sal; se echará el agua y se colará la calabaza en el cedacillo, poniéndose en la cazuela una porcion de manteca y una cucharada de harina, sin dejarla socarrar; añádase pimienta blanca, un poco de azúcar y déjese cocer por espacio de cinco minutos; júntese con dos yemas de huevo y una cucharada de nata, y sírvase en un plato rodeado de cuscurros de pan frito.

SUSTANCIA DE CHICHAROS SECOS.

Déjense por espacio de ocho horas los chícharos en agua tibia para que se empapen; pónganse despues en una marmita con una libra de lardo, dos zanahorias, dos cebollas, un clavo especia, un ramo de perejil, tomillo y laurel: pásense cuando estén cocidos mojándolos con caldo de los mismos; póngase la sustancia en una cazuela y tirando el mismo caldo déjese cocer, sirviéndose cuando se halle bien sazonado de sal.

SUSTANCIA DE HABICHUÉLAS.

Se hace lo mismo que la anterior.

SUSTANCIA DE LENTEJAS.

Se les hace cocer en agua, sal y un manojo de yerba como perejil, orégano, &c.; se majan y echan en un colador y echándose el agua que les ha servido para su cocimiento, volverán á ponerse al fuego con manteca y la conveniente sazon para su uso. Estas sustancias se pueden hacer cociéndolas con un pedazo de tocino y humedeciéndolas con caldo, y entonces son para carne.

SUSTANCIA DE ZANAHORIAS.

Córtese bastante cantidad de zanohorias, añadiendo dos cebollas picadas: se echa todo en manteca y se humedece con caldo ó agua comun: se deben cocer lo bastante para que puedan ser desbaratadas y pasadas por el colador, humedeciéndolas con un poco de su primer caldo, se vuelven á poner al fuego con manteca fresca y ya que hayan tomado la conistencia debida, se desengrasarán para servirlas.

HONGOS GUISADO.

Se pondrá en una cazuela sal y pimienta, un poco de nuez moscada, perejil cebolleta muy picada y una ó dos cucharadas de vinagre; se echan los hongos preparados y límpios de antemano, se pone todo á un fuego lento y se dejá hervir por espacio de un cuarto de hora. Cuando haya que servirse se le añade un batido.

ESPARRAGOS CON HUEVOS
Á LA MATANCERA CRIOLLA.

Córtense en pedazos chicos que se cocerán con agua y sal. Despues de estar cocidos se les echa canela en polvo, tres cucharadas de aceite, clavos de especias, huevos duros en pedazos y un poco de azafran con una ramita de perejil; sazónese bien con la sal, déjesele dar dos ó tres hervores y sírvase á la mesa.

ESPARRAGOS GUISADOS
Á LA MADRILEÑA.

Pónganse á cocer los espárragos, cortados en pedazos como hemos dicho; se sofrien con manteca tres ó cuatro dientes de ajo, un par de cebollas, un tomate, perejil y un poco de anís; agréguese la cantidad que se quiera de jamon, chorizos ó carne. Despues de estar todo frito se le añade un par de huevos con almendras machacadas, se revuelve todo muy bien puesto al fuego hasta que el huevo se vaya desgranando, que es señal de estar ya en estado de comerse.

FRIJOLES NEGROS EN ENSALADA.

Cuézanse en agua con un poco de sal, póngase despues en un plato ó fuente y se les echra por encima aceite, vinagre y pimienta molida.

COLES EN ENSALADA.

Se cuecen como los anteriores y se aliñan lo mismo.

CALABAZA EN ENSALADA.

Lo mismo que las anteriores.

COLIFLOR EN ENSALADA.

De la misma manera que hemos dicho.

CEBOLLAS EN ENSALADA.

Lo mismo que la anterior, quitando ántes la coronilla y la punta.

JUDIAS BLANCAS EN ENSALADA.

Lo mismo que los frijoles.

ÑAME EN ENSALADA.

Exactamonte igual á las demás ensalada

CHAYOTE EN ENSALADA.

De la misma manera.

QUIMBOMBO EN ENSALADA.

Se toma quimbombó que esté tierno y despues de cortada la cabeza y la punta, se lava bien y se echa á salcochar con agua y sal, despues de salcochados se ponen en una fuente partidos por la mitad, se toman despues dientes de ajos y cebollas que se picarán bien, se polvorean con pimienta molida y se le echa por encima con aceite y vinagre revolviéndolo bien.

JUDIAS SECAS A LO GUAJIRO.

Despues de haberlas cocido se les quita el agua que debe haber estado sazonada con sal y se escurren bien; se ponen despues en una cazuela con aceite, ajos machacados, orégano y yerba-buena; póngase á cocer á un fuego no muy fuerte, meneándose de contínuo y sazonándose con sal, se les echa un poco de caldo y se sirven despues de hervirlas un momento

SALSA DE CEBOLLA A LO MARAGATO.

Córtense algunas cebollas en tajaditas delgadas y háganse cocer con manteca, añádase un poco de harina mojada con caldo ó jugo; sazónese y hágase cocer otra vez, únase con yemas de huevo hasta que forme una salsa muy espesa que se usa mucho en Castilla.

ESPARRAGOS EN REVOLTILLO·

Se cortan espárragos tiernos en pedazos pequeños, se les hace cocer por espacio de media hora en agua hirviendo; póngase despues en una cacerola con un ramo de perejil, cebolleta y un poco de manteca;

se les hace tomar color, añadiéndoles un poco de harina y agua, y se hacen cocer por segunda vez, poniéndoles sal y azúcar despues de estar cocido y cuando no quede ya ninguna salsa, póngase en el plato en
que deban servirse, rómpase encima lo huevos, po-
niéndoseles sal, pimienta y nuez moscada; hágase cocer todo nuevamente y dándosele un poco de color
por medio del fuego, sírvase.

GUISADO DE VENADO.

Córtense tajadas de un dedo de grueso; póngase
en una cazuela un buen pedazo de manteca de vaca,
perejil, cebolla, dientes de ajo, orégano y albahaca,
todo bien picado; colóquense encima las tajadas del
venado despues de haberlas puesto sal y pimienta y
cuando han cocido las tres cuartas partes, se sacan de
la cazuela y se dejan empapar en estos ingredientes
por espacio de veinte y cuatro horas. Para sacarlas
á la mesa se acaban de cocer y se ponen unos cuantos
pepinillos cortados á lo largo.

COSTILLAS DE VENADO.

Se prepara lo mismo que el guisado anterior.

ESENCIA O SUSTANCIA DE AVES.

Májense en un mortero todos los despojos de aves
cocidas ó asadas; pónganse luego en una cazuela añadiendo una zanahoria y un manojo de perejil; se humedece todo con caldo ó agua y solo se le dá la sazon conveniente, haciéndose cocer á fuego lento y
pasándose despues por un cedazo.

GELATINA.

Tómense como una libra de carne de vaca, un pié de ternera entero, al que se le quita el hueso principal; una libra de jarrete de la misma y la mitad de una gallina, todo esto se pone en una olla con suficiente cantidad de agua, se espuma y dá la sal conveniente, añadiéndole dos zanahorias ly dos cebollas. Concluido de cocerse se sacan las carnes que pueden aun servir y se pasa esta gelatina por cedazo de seda, clarificándolas con yemas de huevos, y añadiendo un poco de zumo de limon, se deja enfriar para toda especie de objetos.

PEBRE DE PIMIENTO
A LA INGLESA.

En una cazuela se pone un vaso grande de vino blanco, se añade un chalote cortado menudamente, un puñado de perejil, sal y pimienta en cantidad suficiente, se clarifica todo y se sirve.

PAPAS EN AGETE
Á LA ISLEÑA.

Se pone aceite á freir con papas á rajitas con pimenton y sal; añádase agua macháquense ajos y cominos y deslíese con una cucharada de vinagre y otra de papas machacadas para espesar el caldo.

SANGRE DE CARNERO.

Tómese una buena porcion de cebollas que se picarán y se les pondrá sal y pimienta; despues de matado el carnero se mezcla con la sangre y se pone en el horno hasta que quede todo bien tostado. Este caso es un plato que se puede comer frio, y si se quiere comer sin llevarlo al horno, se puede asar en casa entre dos fuegos. En este se echa aceite ó manteca y si no se puede poner aceite á hervir, se irá echando la sangre á cucharadas y se hará á manera de buñuelos poniéndole sal y pimienta para servirlo.

TOCINO FRESCO A LA CUBANA GUAJIRA.

Póngase en adobo por tres dias una espalda ó una tajada de cerdo en aceite, sal, pimienta, perejil, cebolla cortada y dos clavos cortados; se cocerá al asador untándolo de vez en cuando con su mismo jugo.

QUESO DE ITALIA.

Hágase cocer en una cazuela cuatro libras de hígado de ternéra ó cerdo, tres de tocino gordo y media libra de manteca de cerdo, perejil, cebolla, sal, pimienta, especias, tomillo, laurel salvia y ajos picados por separado. Cúbrase el fondo de la cazuela con rebanadas muy delgadas de tocino y háganse cocer al horno por espacio de tres horas. Déjese enfriar y si no quiere salir del molde, se hace calentar un poco, se pone en un plato, y si se quiere se adorna con manteca fresca, gelatina, yerbas finas y yemas de huevos picadas, &c.

QUESO DE CERDO.

A una cabeza de cerdo se le quitan los huesos, se separa la carne gorda de la magra, se cortan en hebras largas; córtense tambien las orejas, poniéndolo todo con perejil, laurel, tomillo, albahaca, anises mojados, picado todo muy menudo. Agréguensele especias, sal, pimienta, nuez moscada y la corteza y zumo de limon; estiéndase el pellejo de la cabeza en una fuente, arreglando por encima las hebras, mezclando las gordas y magras con un poco de empella y criadillas cortadas en hebras, se cubre el todo con la piel y se echa en una cazuela. Cuando esté á punto se saca del fuego, y tíbio, aun se pone en un molde de estaño ó lata para darle una figura agradable.

COMPUESTO A LO REPUBLICANO.

Pónganse en una tortera seis onzas de manteca y otras seis de azúcar en polvo, bátanse con una cuchara de madera hasta que quede la mezcla bien blanda; añádansele seis onzas de pasas de Corinto, otras tantas de Málaga, un poco de toronja picada, un polvo de vainilla, cuatro huevos que se echarán uno tras otro, y se mezclará siempre el todo. Hecho esto, se añadirán poco á poco seis onzas de harina pasada por un tamiz, se mezcla bien este compuesto, se pone en el interior del molde un papel untado de manteca y llénese el compuesto, cuézase hora y media en el horno con fuego regular y sáquese del molde un cuarto de hora despues de sacado del horno.

POTAGE DE CHALOTAS.

Despues de haberlas machacado bien se ponen en una cazuela con mucha manteca y al fuego, luego se añadirá un poco de salsa picante y sírvase el todo como potage de legumbres.

RELLENO A LA CAMAGÜEYANA.

Se tomará un pedazo regular de buey y otro de ternera y se desmenuzan con un tajo en partes igua-

les, hágase lo mismo por separado con un riñon de
buey del cual no se haya quitado sino una parte de
la grasa, mézclese todo y vuélvase á amasar póngasele sal, pimienta, especias, perejil y orégano, añádanse algunos huevos y vuélvase á amasar con algunas gotas de zumo de limon; si resulta demasiado clara, añádanse unas ó mas patatas pequeñas cocidas con
manteca, y si al contrario, resulta espesa, échesele un
poco de agua; désele la forma y consistencia de un
relleno y cúbrase de perejil y cebolleta.

ARROZ CON CARNE DE AVES
Á LA CATALANA.

Primero se hace cocer el arroz con buen caldo
de ternera ó pollo y la carne de aves sin huesos; cuando esté medio cocida se saca del puchero y se hace
escurrir. Tómese un molde de hoja de lata de la forma que mas bien parezca, cuyas paredes interiores se
cubrirán de manteca. Se coloca otra capa en las parte superior, se cubre con su tapadera y se pone á un
fuego lento durante ocho ó diez minutos, luego se sirve en una fuente en la que se conservará la forma del
molde. Es preciso observar que en el primer hervor
á fin de darle color, se echa en el caldo un poco de
azafran.

TUETANO DE TERNERA.

Véase la página de los sesos.

TORTILLA DE MENESTRAS,
PUERTO-RIQUEÑAS.

Tómense toda clase de menestras, pónganse á
salcochar, y despues de cocidas pónganse á freir con

manteca ó aceite, unos cuantos ajos, cebollas, ajíes y perejil; despues que estén fritas se tienden huevos batidos con harina, échese con las menestras y déjese hasta que se vea que tiene un color sobredorado; dénsele vueltas para que se tueste por ámbos lados.

REVOLTILLO DE HUEVOS.

Primero se pasan por agua con sal hasta que estén duros; pártanse en pedazos que se irán colocando en una fuente; tómense ajos que se machacarán con sal y un poco de pan rayado, agregando dos cucharadas de aceite; adórnese con perejil, pimienta y cebolla picada y échesele por encima una cucharada de vinagre.

CAZUELA CATALANA.

Tómense manos de ternera ó tocino, y despues de escaldadas y límpias se cuecen con agua que las cubra del todo, echándolas sal. Se escurren despues, se les sacan los huesos miéntras están calientes y se hacen pedacitos con la carne. En seguida se ponen en una cazuela sazonándolas con todas especias y se les añade un poco de arroz; se baten despues con azúcar y canela los huevos que se consideren necesarios y se echan sobre la carne que tendrá el caldo correspondiente.

Se cuece todo junto á fuego lento para que no se pegue; luego se saca del fuego y se le echa otro poco de huevo batido con canela, tambien se le puede añadir un poco de leche, y finalmente, se quemará la superficie con una hoja de lata que se vende apropósito.

CRESTAS DE GALLOS.

Córtense las crestas por su estremidad á fin de limpiarlas y que desaparezca la sangre que puede todavía contener, se lavan diferentes veces en agua caliente y se retiran de ella cuando se advierte que se les levanta el pellejo; se limpian con una servilleta sin romperlas, y se hacen cocer en una olla de caldo algo grueso, se añade zumo de limon y se sirven despues de cocidas.

CARDOS CON QUESO.

Se añade á una salsa blanca el queso rayado y se colocan en él los cardos, se polvorea un plato con el mismo queso, poniendo encima migas de pan; póngase en él los cardos y polvoréense con queso sucesivamente; fórmense capas de una cosa y de otra hasta que estén bien cubiertos por la salsa y el queso. La última capa se debe hacer con la miga de pan muy bien mezclada con el queso; todo esto se pone á fuego templado con su tapadera, teniendo cuidado de echar ántes de taparlos manteca derretida sobre la miga de pan.

SALSA CUBANA GENERAL.

Tómese un plátano verde, pélese, póngase á salcochar con limon, despues de salcochado se maja en el mortero y se echa en una cazuela con caldo de la olla, revolviéndolo bien. Tómense en seguida tomates partidos, ajos y un ají dulce, todo bien machacado, una cebolla, alcaparras, un poco de perejil y yerbabuena, todo frito se echa en la cazuela con un huevo batido, y se deja cocer hasta que se espese, sazonado con un poco de sal.

GALLINA GUINEA A LA CUBANA.

Pelada, límpia y bien chamuscada la gallina, se echa entera en una cacerola con agua, cebollas enteras, aceite, ajos, un poquito de orégano ó laurel, tres cucharadas de vinagre y clavo especia; cúbrase bien la cacerola y déjese cocer poco á poco hasta que se vaya poniendo tierna, dándole vueltas á la gallina y sazonándola con sal. Cuando se sirve se puede adornar con papas ó cebollas cocidas.

PAJARITOS DIVERSOS
Á LO TIERRA ADENTRO

Tómense de estas aves pequeñas diez, doce ó catorce, y despues de haberlas desplumado y limpiado, se meten en una cazuela con manteca, sal y un poco de yerba-buena; déseles vueltas repetidas veces, y cuando se hallen á medio freir se les echa un poco de vino seco, ajos y un puñado de harina y caldo. Despues de cocido se sirven si se quiere con el mismo, añadiéndole el zumo de limon ó naranja indispensable á la cocina cubana.

GARBANZOS A LO PINERO.

Despues de estar en remojo desde el dia anterior, se ponen á cocer en agua y aceite; despues de estar cocidos se les echa cebolla frita con unos dientes de ajo se sazona, de sal y azafran y se le echa pan rayado para espesar la salsa.

FRIJOLES ENCARNADOS
Á LA HABANERA.

Salcochado que se halle un pedazo de carne de
ternera, se le echan los frijoles y unos pedazos de ñame y yuca, clavo especia y tocineta, ajos y cebollas
fritas y unas hebras de azafran, se deja cocer y se le
agrega al servirse unas gotas de naranja.

BOFES DE TERNERA A LO NATURAL.

Lávense bien cambiando diferentes veces el agua,
póngase en seguida con agua fresca y córtense en pequeños pedazos, se ponen despues en una cazuela y
se cuecen con un poco de manteca y un puñado de
harina, humedézcanse con caldo, pimienta, sal, perejil, cebollas y laurel; cuando esté medio cocido se
añaden pequeñas cebollas y en el momento de sacarlas á la mesa, se añade una salsa de yemas de huevo,
se bate todo junto hasta que tome punto y se sirve
echando unas cuantas gotas de vinagre.

ENSALADA DE SESOS.

Se pondrán dos sesos en agua por espacio de algunas horas y se esprimirán, poniéndolos en una cazuela con agua hirviendo sazonada con sal y una cucharada de vinagre; se hacen hervir por espacio de un
cuarto de hora y se sacan con una espumadera, poniéndolos á enfriar en agua fresca. Se ponen despues

en una cazuela con pequeñas tajaditas de limon sin
corteza, se cubren con tajadas de tocino gordo con
magro guarnecido y con un papel untado con manteca; háganse hervir un momento y cocer en seguida
á fuego lento, sacándolos y dejándolos enfriar. Se ponen despues en un plato sobre lechuga ya aliñadas y
se adorna el plato con huevos duros.

LENGUAS DE BUEY O TERNERA.

Primeramente se sacan bien y despuss de salcochadas para sacarles la piel dura que las cubre, se
atraviesan de parte á parte con pedazos de tocino. Se
ponen despues en una cazuela con cebollas enteras y
zanahorias. Cuando todo tiene ya el punto, humedézcase con un poco de agua, añádasele un clavo de
especia, un poco de tomillo ú orégano y se pone todo
á un fuego lento por espacio de cinco horas. En el
momento de sacar el plato á la mesa, espúmese un
poco la salsa y hágase espesar echándole un poco de
harina de patatas ó cosa semejante: ábrase cada una
de las lenguas por en medio y échesele la salsa encima.

RIÑONES DE CERDO A LA VIZCAINA.

Primero se abren los riñones lo mismo que los
de carnero, cortados á lo largo, pero sin separar los
pedazos: se les pone un poco de sal y pimienta, se ro-
cian con un poco de aceite y se ponen á las parrillas
por el lado cortado. Háganse cocer á fuego vivo,
dénsele vueltas y sáquense despues de cocidos, sir-
viéndolos bien calientes y cubiertos con una especie
de salsá compuesta de perejil, cebollas picadas, sal y
jugo de limon.

RIÑONES DE CERDO CON VINO.

Se toman los riñones y se cortan en pedazos, poniéndolos en la sarten con manteca, sal pimienta, perejil y cebolla picada; revuélvase á menudo, á fin de que no se pegue, póngase un polvo de harina y se moja con vino blanco; vuélvase el guisado sin dejarlo hervir y cuando esté cocido sáquese á la mesa.

COLAS DE CERDO CON LENTEJAS
Á LO GUAJIRO.

Se ponen en sal por espacio de seis dias, se meten despues en una olla con dos libras de lentejas, zanahoria, cebolla y un ramo de perejil, agua y sal; las lentejas deben reducirse á pasta, que se hace hervir hasta que tenga un buen punto, esto es, ni demasiado clara, ni demasiado espesa, y las colas se sacan á la mesa encima de esta pasta ó sustancia.

SALCHICHA DE CERDO.

Tómese carne de cerdo que tenga algo de gordo, píquese bien menuda, póngase sal, moscada, especias, pimienta, anís y orégano; métase todo en una tripa ó intestino bien atado por los estremos y cuélguese por tres dias al humo; al cabo de los cuales se pone á cocer tres horas con agua, sal, un mazo de perejil, orégano, salvia y ajos. Se sirve fria.

GIGOTE Á LA CASTELLANA.

Tómese carne magra de tocino en pedazos pequeños, que se pondrán á freir con un poco de cebolla y manteca, añadiendo despues carne de carnero tambien menuda. Se cuece todo despues de bien tapado con sal, especias, pimienta, nabos, puerros, ápio, &c; se pone en un plato en que hayan algunos huevos duros y perejil desmenuzado y bañado en caldo y se le añaden almendras ablandadas en agua hirviendo y alcaparras.

ENSALADA GENERAL DE LEGUMBRES.

Se ponen en un plato papas hechas pedazos, tambien una porcion de judias verdes cortadas, otra dé zanahorias, en tajaditas, otra de espárragos, otra dé tronchos de alcachofas, otra de coliflor, &c. Váyanse colocando todas en forma de embudo en medio del plato; al rededor se ponen guisantes verdes, habichuelas blancas, alcaparras y codimento picado. Es de advertir que todas estas legumbres han de estar cocidas. Para servirlas se les pone sal, pimienta, una tercera parte de vinagre y dos de aceite.

COLAS DE CARNERO A LA INGLESA.

Prépareso una cazuela con lonjas de tocino, zanahorias, cebollas, perejil y orégano, sal, pimienta, un vaso de vino blanco y otro de caldo; déjese cocer todo á un fuego lento, retirense cuando estén en punto y déjeseles escurrir para servirlas con lechuga, chicorias, pasas ó cualquiera especie de sustancia.

FRIJOLES DE CARITA A LA HABANERA.

En una cazuela se ponen á freir con manteca unos tomates, ajos pelados, un par de cebollas y ají dulce; se coje un poco de pan rayado ó unos pocos de los mismos frijoles, se machacan para hacer una pasta y se ponen á freir juntamente, echándose despues los frijoles ya salcochados en agua y sal juntos con la misma agua, se les hace hervir un rato y ya pueden comerse si se quiere, revueltos con arroz blanco como es general.

FRITURAS DE CEBOLLAS A LA ANDALUZA

Se echan á freir con manteca, ajos con perejil y unas hojas de laurel, así que están fritos se sacan y se echan en la misma manteca las cebollas que estarán ya salcochadas y picadas en pedazos regulares, añadiendo dos cucharadas de vinagre, despues de haber empezado á hervir juntamente con una escudilla de agua y pimienta molida; sazónese de sal y déjese hervir hasta que estén cocidas. Puede echarse tambien carne frita y revuelto es un plato muy agradable.

PAPAS CON MANTEQUILLA.

Pártanse en pedazos despues de cocidas y peladas para ponerlas en una cazuela en la que haya mantequilla, sal, pimienta molida, perejil, cebollas picadas y raspadura de nuez moscada con una cucharada de harina, agréguese caldo de la olla y déjese hervir hasta que esté en su punto.

CHICHAROS A LA INGLESA.

Fríase tocino en pedazos pequeños, se moja despues con agua ó caldo y se echan los chícharos despues con perejil y un poco de sal y pimienta, cociéndolos á fuego lento.

CONEJO Á LA PORTUGUESA.

Se le quitan todos los huesos al conejo, se parte en pedazos y se pone en las parrillas untándolo de vez en cuando con la salsa indicada, y sirviéndolo á la mesa con salsa de tomates.

PERDICES EN CAZUELA.

Despues de asadas se tronchan sobre el plato en que quieran servirse, pónese un pedazo de manteca amasada con raspadura de corteza de pan, perejil, cebolleta, chalotas picadas, sal y pimienta; se hace freir un poco, pónensele las perdices calentadas con un poco de caldo, sal, pimienta, perejil, y un poco de vinagre y se sirven cubiertas cón raspadura de corteza de pan.

ENSALADA DE ESCAROLA.

Córtese la raiz hasta el nacimiento de las hojas, quítense las verdes y lávense en mucha agua, escurriéndolas en seguida y poniéndose en una ensaladera con aceite, pimienta y vinagre.

GUISANTES COCIDOS.

Póngase en una olla al fuego despues de haberlos desgranados con el agua necesaria, y cuando hiervan se echarán los guisantee con un poquito de cebolla hecha pedazos menudos, un poco de azafran, sal y aceite y añádase tambien arroz y fideos, si se quiere que pase á la clase de sopa.

TOCINO.

El tocino para ser bueno debe ser duro y algo cólorado, sin mal gusto y sin manchas blancas. Es mejor cuando tiene siete ú ocho meses, pero es preferible la sustancia y la manteca de los que tienen sobre quince meses.

CALABACINES EN ENSALADA.

Lo mismo que la de pepinos.

SUSTANCIA DE PAPAS.

Primeramente se cuecen á vapor y despues de bien peladas se majan en un mortero añadiendo caldo pasado por tamiz, se ponen en una cazuela con manteca y nuevo caldo y cuando estén ya en grado de papilla muy espesa, se sirven con coscorrones metidos en ellas. Se preparan tambien de vigilia, añadiendo nata en lugar de caldo, y azúcar. Se adereza el puré ó sustancia sobre un plato polvoreándolo con azúcar y se congela con una pala echa ascuas y mejor en el hornillo.

ESPINACAS A LA ESPAÑOLA.

Se mondan, lavan y pican en pedazos gruesos, se pasan por manteca con sal, nuez moscada y pimienta, se añade un poco de manteca y agua y se sirve con coscorrones fritos.

ESPINACAS AL NATURAL.

Despues de límpias se ponen en agua al fuego añadiendo un poco de sal y dejándolas hervir á fuego vivo hasta que estén bien cocidas, se refrescan. escurren y se pican.

COLIFLOR FRITA.

Primero debe tenerse en adobo de sal, vinagre y perejil para cocerla como se acostumbra y se la deja escurrir para meterla en una pasta y echarla en frito.

PLÁTANOS ASADOS.

Póngase entre rescoldo el plátano verde quitada la cáscara y despues de raspado con el cuchillo se le echa por encima manteca derretida.

HUEVOS Á LA AMERICANA.

Despues de desleir manteca en una cazuela se echan los huevos dentro sazonándolos y meneándolos con un palito, se deslíe con un poco de nata, y si se quiere hacerlos mas delicados tambien un poco de limon antes de servirlos.

HUEVOS CON JAMON.

La misma preparacion añadiendo jamon en pedacitos y una cucharada de sustancia.

PAPAS AL VAPOR.

Para cocerlas al vapor basta con ponerlas en una

olla de barro ó cobre, en la que se echa un poco de agua y sobre la tapadera se pone un lienzo que contiene la humedad que procura evaporarse. De este modo se cuecen á vapor y además de que quedan enteras son mucho menos acres que de otro modo.

PELOTA Á LA CATALANA.

Se picará carne magra de carnero con un poco de gordo de riñon. Cuando esté á medio dividir se le añadirá un poco de tocino ó pernil gordo, uno ó dos dientes de ajo y perejil; despues de bien picada la carne con dichos ingredientes, se le añadirá sal, un poco de pimienta, especias y azafran con huevos duros, se amasa el todo en una vasija para espesar la pasta; póngasele harina ó pan rayado y échesele á la olla una hora antes de sacar la carne; prócurese que hierva aprisa para que no se deshaga y luego sáquese.

CATIVIA.

Se forma de la yuca rayándola bien y envuelta en un lienzo bien esprimida para que suelte toda el agua que puede tener se pone al sol hasta que pierda toda la humedad.

PESCADOS.

PARGO A LA AMERICANA.

Se escama bien, se le sacan las tripas y se limpia; se tendrá un rato colgado para que se atiese, y un poco ántes de comer se le hacen tres ó cuatro rajas introduciendo en ella pedacitos de limon, se pone en parrillas, se bañará é irá untando con aceite, y se le echará por encima al pargo una salsa de orégano, aceite y ajo.

SERRUCHO ASADO Á LA MATANCERA.

Se escama y límpia bien como el anterior; se pone en las parrillas, y segun se vá asando se unta con una pluma aceite ó manteca, limon. perejil y pimienta en polvo desleida en aceite.

SERRUCHO GUISADO Á LO PRINCIPEÑO.

Póngase á freir primero en aceite ó manteca, despues de estar hecho pedazos, sazónese con sal y un puñado de perejil picado, y despues de frito se pondrá en una cazuela con la misma manteca, tres cebollas picadas, ajos y unas hojas de laurel; en estando

frito se le echa el pescado, agregando una escudilla
de agua hirviendo, especias, una cucharada de vinagre y pan rayado; déjese hervir por tres ó cuatao minutos, y echándole unas gotas de limon puede sacarse
á la mesa.

CANGREJOS GUISADOS.

Primeramente se lavarán en tres ó cuatro aguas,
arrancándole la aleta que tienen en medio de la cola,
con la que sigue un intestino negro y amargo. Se
echan en un poco de vino blanco ó vinagre hirviendo,
con cebollas, zanahorias picadas, laurel, ajo, perejil,
pimienta y sal, y habiendo hervido cinco ó seis minutos se retira la cazuela y se deja un cuarto de hora
bien tapada. Se sacan despues uno á uno, se ponen
en una cazuela y se vierte encima el jugo pasado por
un tamiz. Enjúguese y sírvanse sobre una servilleta
apoyados en una especie de pirámide hecha con ra-
mas de perejil. Cocidos de esta manera se emplean
tambien como adorno: para uno y otro se necesitan
calientes, pues frios no tienen tan buen sabor.

ANGUILAS FRITAS.

Limpia que esté la anguila se corta en pedazos,
se echan estos en una cazuela con media botella de
vino blanco, pedacitos de cebolla, zanahoria, tomillo,
laurel y perejil; cuando esté sazonada con sal y especias se le echa un poco de agua. Despues de estar cocida se enjuga y se pasa el caldo por un tamiz, y cuando empiece á tomar punto se ponen tres yemas de
huevo con la anguila, despues de fria se empapa primero con huevo y luego con solo migas de pan. Se
frie y se sirve despues con salsa de tomate.

MORCILLAS DE CANGREJOS.

Se les quita toda la carne despues de estar cocidos, séquense las conchas y píquese despues bien para
hacer manteca de cangrejos; córtense las carnes á pedazos pequeños, pónganse en una cacerola con huevos, añádansele carne de ave ó de ternera, migas de
pan hervidas y mojadas en leche, cebolla cocida en
ceniza, hígado y molleja de ternera, la manteca de cangrejo, yemas de huevo, sustancia cualquiera, sal y pimienta; revuélvase todo y lléuense los intestinos con
ello.

CHERNA Á LA HABANERA.

Despues de límpia se revuelve bien en una cazuela aceite, zumo de naranja y pimienta en polvo,
se unta bien la cherna con este batido y se pone á las
parrillas; se le dará vuelta cuando esté bien asada por
un lado, y haciéndole la misma operacion cuando esté
por el otro, póngase en un plato, échesele por encima una salsa de tomates, cebollas y ajos, todo bien
frito en aceite con un poco de perejil y unas alcaparras.

ALMEJAS Á LO NATURAL.

Pónganse á freir ajos, cebollas y perejil con un
polvo de pimienta, todo en aceite; échense las almejas despues de estar cocidas y abiertas; déjense sofreir
un rato, agréguesele la misma agua con que se cocié-
ron y unas hojas de laurel.

CAMARONES Á LO PUERTO-PRINCIPE.

Despues de haberlos cocido en agua sazonada
con sal, se les quita la cáscara ó pellejo que los cubre,
aliñándolos en un plato con perejil picado, un poco
de mostaza, cebollas y aceite con un poco de vinagre.

RABI-RUBIAS Á LO REGLANO

Se echa aceite en una freidera, ocho ó diez dientes de ajo pelados con media cebolla y una hoja de
laurel; despues de frito se le agrega un vaso de agua
con cuatro cucharadas de vinagre, échense las rabi-
rubias partidas con cebollas, déjese cocer todo y póngase en un plato con la mirma salsa.

LANGOSTA Á LA CUBANA.

Háganse cocer como media hora con buen fuego
con agua, sal, perejil, cebolleta, tomillo y laurel.
Mientras se cuecen se mete de contínuo un hierro
bien caliente, se les frota despues de frias con un poco
de manteca para darles buen color, pártanse, rómpan-
seles las patas y sírvanse frias rodeadas de ellas.

CABRILLAS Á LA AMERICANA.

Despues de límpias y escamadas se echan en
adobo de aceite con cebollas y perejil, pónganse á las
parrillas y úntesele aceite; cuando estén en su punto
se deslíe á fuego templado la manteca, añadiendo una
yema de huevo y sal, se cubre el pescado y se emboza
en seguida con migas de pan para que tome color,
dorándolas con manteca para servirlas con salsa.

CHERNA GUISADA.

Limpia y destripada se divide á lo ancho en varios pedazos; se frie aparte en una cazuela á fuego, lento, cebolla bien picada; se echa en ella la cherna, y cuando se halle bien envuelta con este adobo se tuesta pan, se machaca bien hasta hacerlo casi polvo, se saca la cebolla de la cazuela, se incorpora con el polvo de pan de modo que todo forme un cuerpo machacado, se añade un poco de pimienta, y sino gustase el picante, un poco de perejil fresco, picado y machacado. Desliese todo con un poco de caldo y echese sobre el pescado para comerlo.

HUEVAS DE LISA EN TORTILLA.

Para cinco ó seis personas se toman dos huevas de lisa bien lavadas, y se blanquearán teniéndolas por ocho minutos en agua ya hervida y ligeramente salada; añádase un trozo del mismo pescado y un ajo cortado muy menudo; se pican al mismo tiempo las huevas y el pescado, de manera que quede todo muy mezclado, se echa todo en una cazuela con un pedazo de manteca, reahogándolo hasta que la manteca se haya derretido. Tómese despues otro trozo de manteca á discrecion, se reune con perejil y cebolla y se pone en un plato ancho, se le echa zumo de limon y se pone encima de ceniza caliente. Se baten doce huevos frescos, las huevas y el pescado, se menea todo hasta que se incorpore perfectamente y se hace la tortilla regular, espesa y esponjosa para servirla en el instante de comerla.

SARDINAS.

Se ponen á freir sardinas frescas adobadas con huevo batido y harina en aceite con perejil.

SALMON Á LA ESPAÑOLA.

En el color de la carne se conoce cuando el salmon es bueno, y consiste en que es un poco roja, no siendo tan bueno el que la tiene blanca. Despues de estar destripado se le quitan las agallas y la cabeza, se lava muy bien, se pone en una cazuela con cocimiento simple y se deja calentar lentamente por diez horas y cuando ya está cocido se saca y se deja escurrir, componiéndolo en un plato con una servilleta y rodeado de perejil.

TRUCHAS GUISADAS A LA CATALANA.

Se frien primero con manteca, se desmenuza despues en un mortero perejil y lechugas tiernas; remójese un poco de manteca en agua fria y macháquese todo: échese azúcar, deslíese en un poco de vinagre y agua, de suerte que tome el sabor agridulce; póngase al fuego, revuélvase bien hasta que se cueza, échese un poco de cebolla frita desmenuzada, pónganse las truchas en una vasija, échesele salsa por encima, de modo que acaben de cocerse con ella y sírvanse calientes.

TRUCHAS À LO ORIENTAL.

Tómense algunas truchas ya grandes que se limpiarán y escamarán, poniéndolas ya enjutas á cocer con agua, sal, aceite, ajos fritos y especias; cuando estén á medio cocer se quitará el caldo y se renovará con otro hasta que estén bien cocidas. Sírvanse despues con una salsa de yemas de huevos con zumo de limon.

SARDINAS SALADAS.

Se escaman, lavan y se pasan por las parrillas; se hace una salsa con manteca de vaca, harina y un poco de vinagre, mostaza, sal, pimienta y una poca de agua; hágase hervir esto un poco y échese sobre las sardinas. Pueden tambien pasarse á la cazuela con manteca fresca y se sirven en seguida. Cuando son recien pescadas y sin sal se hacen freir.

PESCADO EN TORTILLA.

Desmenúcese un pedazo de pescado con un diente de ajo picado muy menudo. Póngase á calentar todo en una sarten con un poco de manteca: luego que esté deretida se mezclarán seis huevos bien batidos y se hará la tortilla del modo regular, añadiendo si es necesario manteca Se pondrá el plato en que se deberá servir sobre ceniza caliente, con una salsa compuesta de perejil picado y manteca y se sirve sobre esta salsa con un poco de zumo de limon.

CALAMARES EN SALSA NEGRA.

Despues de estar bien limpios y sacada con cuidado la vegiguilla que contiene la tinta para que no se rompa, se les corta la cabeza, poniéndolos en una cazuela á freir con un poco de aceite, agregándole despues un poquito de agua, sal, pan rayado, cebollas picadas, pimienta molida y unas hojas de laurel; échesele la tinta y revuélvase bien, dejándolo cocer hasta que estén tiernos y pueden servirse con gotas de limon.

CALAMARES RELLENOS Á LA VIZCAINA.

Quitadas las cabezas despues de lavados, se pican con ajos, perejil, especias finas y pan rayado, se revuelve bien con aceite frito y esta masa se introduce en los calamares; poniéndolos á cocer con un poco de agua; en estando cocidos se ponen en una cazuela á freir con aceite y ajos machacados, póngase un poco de agua y bátanse un par de huevos revueltos con especias finas y azafran; machacado todo se deja hervir, se sazona y puede servirse.

PICADILLO CUBANO CON PESCADO.

Cómprese del pescado que tiene la carne de mas consistencia y póngase á salcochar un momento, quitándole las espinas, lo que es fácil hacer por no tener muchas esta clase de pescado, como la picuda, cherna, dorado &c. se pica muy menudo, como tambien aparte cebollas, huevos duros y unos dientes de ajo con un poco de perejil y orégano, pan rayado mojado con leche y un poquito de pimienta molida; hágase una masa con todo esto, sazonándola con sal y déjese cocer en agua con manteca.

OSTRAS.

Hay dos clases de ostras, blancas y verdes. Las mejores son las blancas. Abiertas que esten y desprendidas de sus conchas, se cuecen por algunos minutos en la misma agua que ellas han dado y se escurren para ponerlas en salsa picante. Pónganse en manteca hongos y rábanos picados, se añade una cucharada de harina y se moja con caldo y vino, redúzcase y despues de haber elegido y limpiado las conchas mas grandes se ponen en cada una cuatro ó seis ostras cocidas, añadiéndolas salsa y cubriéndolas con pan rayado, se les echa manteca desleida y se ponen en parrillas á un fuego templado, dándoles color con un hierro ó pala candente.

CALDO DE CANGREJO.

Despues de haberlos lavado repetidas veces se cuecen en agua sola se les quita la cáscara para machacarlos y revolverlos con una docena de almendras y la pasta de cangrejo, se toma despues libra y media de vaca y un pedazo de jamon y se hacen rebanadas con cebollas, algunas zanahorias y corteza de tocino, Así que se halle todo consistente se añade un puñado de harina y tocino derretido, mojandolo continuamente; se le echa sal, pimienta, clavo de especia, albahaca, perejil, cebollino, hongos, criadillas y corteza de pan; póngase todo en un fuego lento, sáquese la vaca y pásese por un tamiz.

CALDO DE CANGREJOS DE VIGILIA.

Lo mismo que el anterior, poniendo en lugar de tocino derretido manteca humedeciéndolo con caldo de pescado. Es cosa muy buena que todos los aderezos sean de arroz, de pasta ó de toda clase de sopas, cuando se echa un poco de caldo de cangrejes con el que se puede tambien aderezar diferentes guisos y pastas cálientes, y aun entrar algunos intermedios de legumbres como cardos, coliflores, &c. Lo esencial de todos los caldos de cualquier manera que se hagan es el darles el punto conveniente, desengrasarlos y reducirlos bien.

CORONADO CON SALSA.

Despues de estar limpio se pone á cocer y se le hace una salsa blanca con un puñado de harina y manteca fresca, añadiendo yerbas finas y el zumo de un.limon, para servirla caliente en una salsera al mismo tiempo que el coronado, que se debe poner un plato aparte. Cada cual puede condimentarlo á su gusto con mas ó menos cantidad de salsa y echándole además unas gotas de zumo de limon.

COCIDO DE PESCADO Á LA CUBANA.

Póngase al fuego una cazuela con un pedazo de manteca zanahorias, ápio, chayote y plátanos maduros con ajos fritos, cortado todo en menudos pedazos; añádansele pescado en restos y un poco de agua, déjese un rato en remojo para que tome la sazon, échesele despues agua hirviendo y sal déjese que esté en su punto.

COCIMIENTO BLANCO PARA PESCADOS.

Cuando se hayan de preparar algunos pescados mayores se echan con agua y sal suficiente cantidad de yerbas aromáticas y se hace hervir todo junto; se pasa este cocimiento y se le añade una tercera parte ó mitad de leche para cocer la pieza durante mas ó ménos tiempo y sobre un fuego muy templado.

ARENQUES.

Esta clase de pescados se usa de tres maneras; curados al humo, frescos y salados. Se abren y limpian como cualquiera otro pescado, y cuando son frescos se ponen á las parrillas y se sirven con salsa blanca y mostaza, y sus huevos se confeccionan aparte en cajetin &c·

ARENQUE CURADO O AHUMADO.

Para servirse de este pescado se le quita primero la cabeza y se prepara la cola para ponerlo en parrilla y servirlo rociado con aceite.

ARENQUES CURADOS DE DIFERENTE MODO.

En un cajetin hecho con papel grueso y untado de manteca por dentro y fuera, se ponen á lo largo ocho ó diez arenques ahumados, cortados en tiras sin cabeza, agallas ni pellejo. Despues se pone manteca mezclada con yerbas finas entre cada uno de los arenques, perejil, cebolla puerros, rábanos, una cabeza de ajo, todo muy menudo, pimienta y unas gotas de aceite; se polvorea con pan rayado sobre las parrillas á un fuego templado para que no se queme el papel y se echa dentro zumo de limon sirviendo estos arenques en su cajetin.

ARENQUES SALADOS.

Los arenques salados se ponen ántes de cocerlos en agua fria mas ó menos tiempo para desalarlos, y despues de limpios y destripados se ponen en las parrillas, se sirven con una sustancia y se cortan en tiras para comerlos crudos y como platillo.

APORREADO DE CANGREJOS Y LANGOSTAS.

Estando ya cocidas y quitadas las cáscaras, macháquense bien y échense á freir en aceite con ajos, cebollas y ajíes, añadiéndo un poco de perejil con tomates; despues que esté frito póngasele un poco de vino blanco y sal, y que vuelva á hervir un rato.

BACALAO Á LA AMERICANA.

Se ponen á cocer con pedacitos de limon sin los granos, rebanadas de cebollas, orégano, una hojas de laurel y un buen pedazo de manteca de vaca, y cuando ya esté cocida se hacen cocer con la misma agua doce ó quince papas. Se coloca el abadejo ó bacalao en el plato rodeado de las papas y cubierto con salsa holandesa; hecha con un cuarteron de manteca de vaca mezclada con media cucharada de harina, sal, pimienta, rayadura de nuez moscada y tres yemas de huevo; mójese con una poca de agua tibia; vuélvase sin dejarla hervir; añádase una cucharada de vinagre y sírvase.

ARENQUES Á LA GALLEGAS.

Despues de ponerlos en agua tíbia para que se suelten, se ponen á las parrillas y se sirven con salsa de tomates.

SARDINILLA CON MOSTAZA.

Despues de asadas á las parrillas calientes al ponerlas para evitar que se peguen, se sirven con la salsa siguiente: ponese en una cacerola un pedazo de manteca de vaca una cucharada de caldo, un polvo de harina, sal y una cucharada de mostaza, haciéndolo hervir un poco para que todo se una bien.

ANCHOAS EN ENSALADA.

Se limpian bien y no se deja mas que la carne; píquense huevos duros y tambien los demas aderezos, se arregla todo en un plato y se sazona con aceite y vinagre.

ATUN ESCABECHADO.

Póngase con manteca, perejil y cebollas picadas; empápese y hágasele tomar color en el horno ó puesto debajo de una tapadera.

ATUN FRESCO.

Se guisa lo mismo que el salmon fresco.

ABADEJO O BACALAO Á LA ESCOCESA.

Es preciso escogerlo y que tenga la piel un poco negra y la carne blanca; se hace desalar en agua, teniéndolo en ella si preciso fuere, tres dias, y lavándolo despues. Pónganse al fuego en agua fria, y espúmese cuando esté para hervir sacándose cuando rompa el hervor. Se tapa y se deja reposar un cuarto de hora, se retira del agua y se pone á enjugar. Se echa en una cacerola un pedazo de manteca una poca de harina, moscada y pimienta. Deslíese con una poca de leche, póngase el abadejo para que tome gusto y sirvase en seguida.

ABADEJO Á LA PORTUGUESA

Se pone en un plato despues de cocido con perejil y cebolla picada, granos de pimienta, moscada rayada y una cucharada de vinagre; se añaden unas hojas de laurel y se revuelve estando bien caliente.

ABADEJO CON PAPAS.

Despues de cocido como se ha dicho, se añaden papas cocidas cortadas en pedazos, echándole una salsa blanca bien caliente.

PESCADO COCIDO Á LA YUCATECA.

Tómese el pescado que se quiera, lávese bien y póngase en seguida sin escamas en un plato hondo, échesele en seguida vinagre blanco hirviendo y tapese en seguida herméticamente. Al cabo de algunos segundos se destapa y se pone en un caldero pequeño lleno de agua hirviendo, se sazona con sal, pimienta, clavillo, hojas de laurel cebolla, y cabezas de ajo. En estando el pescado cocido, se saca el plato del fuego, se echa un vaso de agua fria y se deja hasta el momento de sacarlo á la mesa.

SALMON EN SALSA.

Póngase en una cazuela, un salmon ya preparado; échensele setas, chalota y perejil picado, sal especias con vino blanco y caldo. En estando cocido se
toma una poca de manteca de vaca amasada con dos
cucharadas de harina y se echa en una cazuela con
un poco del caldo del salmon, hágase mermar esta
salsa á la mitad y viértase luego.

AGUJA DE PALADAR EN FRICANDO.

Córtese en pedazos despues de escamada, limpia
y arreglada, hágase cocer del modo indicado para el
fricandó de ternera; sirviendose con una salsa picante pebrada ó de tomates. .

SALMON Á LA ESPAÑOLA.

Póngase en una cazuela un vaso de vino blanco
con tajadas de cebollas, zanahorias, setas, perejil, orégano, sal, pimienta, especias y el salmon bien limpio
de escamas. Déjése enfriar despues de cocido y sirvase con salsa verde.

ENSALADA DE SALMON.

Cocido como el anterior se corta en pedazos como de un duro y se colocan en el plato en forma de
corona, se adorna este con un cordon de huevos duros, cogollos de lechuga, rabanadas de zanahorias cocidas, pepinillos y anchoas; se hace una salsa con
ascalonia, vinagre y mostaza y se vierte sobre el plato á fin de sazonarlo bien.

ENSALADA DE RONCO.

Se hace lo mismo que la de salmon.

SALMON CON VINO.

Lo mismo que el cocido á la yucateca.

TERCERA PARTE.

PASTELERIA, DULCERIA Y REPOSTERIA.

BIZCOCHOS DE MONJAS.

Se necesita para hacerlos tener un molde de hoja de lata de forma ovalada. Estos moldes se forrarán de la masa compuesta del modo que sigue. Encima de una mesa se pondrá media libra de azúcar pasada por tamiz con cuatro yemas de huevo, dos onzas de man-

teca, un poco de raspadura de limon y una poca de
canela fina, se mezcla el todo con la mano y en seguida se le añade una cantidad de harina para formar
una pasta dura y que sea del grueso de una peseta; se
llenan los moldes, lo cual se llama aforrar se dejan
de esta manera y se procede á formar la pasta que
deba llenarlos de esta manera: Se toman cuatro onzas
de almendras mondadas y muy secas, se machacan
dentro de un almirez con un huevo y dos onzas dulce seco de limon ó sedrato y cuando esté bien machacado se quita y se pone dentro de una vasija con una
libra de azúcar pasada por tamiz; se rompen quince
huevos. se dividen las claras de las yemas, que se
unen al azúcar y con una espátula se bate como las
demas pastas de bizcochos y por separado se baten
las claras del modo ya espresado cuando están lo que
llamamos montadas, se añaden á la vasija ocho onzas
de harina pulverizada y cernida; estando incorporada
se echan poquito á poco las claras ajitándolas suavemente para que se mezclen; despues se llenan los
moldes preparados y se cuecen en el horno de tercer
grado ó sea horno flojo. Siendo cocidas se sacan y se
pólvorean con azúcar blanca.

BIZCOCHOS MANTECADOS.

Esta clase de bizcochos se hacen dentro de unas
cajitas de papel de forma redonda, las cuales se enca-
jan dentro de un molde de madera hecho á propósito,
para que salgan acuñadas; se llenan despues con una
pasta igual á la antecedente, suprimiendo únicamente la almendra y el dulce y reemplazándose con cuatro onzas de manteca disuelta, la cual se añadirá en
el acto de mezclarlas diez onzas de harina.

EMPANADAS DE SESOS.

Se limpia los sesos en agua fria y vinagre y se ponen á cocer despues en caldo con alcaparras, riñones de teruera, perejil picado, nuez moscada rayada, clavo especia y se sazona con sal; cuando se han cocido como tres minutos, se sacan y se ponen en la pasta con los riñones y un poco de la salsa con unas gotas de azahar, poniéndose en seguida en el hornillo.

ENPANADAS DE AVES.

Despues de estar desplumadas y limpias las aves que se quieran empanar, se machacarán un poco para ponerlas á asar en seguida; se ponen en una cazuela en la que se habrá echado un poco vino, especias, nuez moscada y tres cucharadas de manteça; se dejan cocer, y así que se hayan quedado secas, se colocan en la pasta, se cierra y se hace como en las demas.

BIZCOCHOS DE CHOCOLATE.

Tómense ocho huevos, una onza de chocolate molido, cuatro de harina y diez onzas de azúcar en polvo; hágase con todo esto una pasta y póngase en papeles para cocerla al horno.

ALMENDRAS TOSTADAS,

Pélense una libra de almendras dulces y pártanse

á lo largo; pónganse al fuego en una vasija con cuatro onzas de agua y una libra de azúcar molida. Cuando las almendras rechinen se retiran y con una espátula de madera se revuelven de arriba para abajo, se añade raspadura de la primera corteza de un limon, se vuelvn á poner al fuego meneándolas continuamente hasta que hayan pasado al color de caramelo.

BIZCOCHOS CATALANES.

Tómese una docena de claras de huevos hasta punto de nieve; y las yemas con veinte onzas de azúcar mezclada con doce onzas de harina y raspaduras de cortezas de un limon entero. Concluida la pasta se echa en un molde con manteca desleida y se pone al horno.

BIZCOCHOS DE LIMON.

Media docena de huevos, la corteza raspada de un limon, cuatro onzas de harina y doce onzas de azúcar en polvo, y se hace una pasta que se pone en papeles para cocerla al horno.

HUEVOS CON ESPUMA.

Por cada media docena de claras de huevo, se tomarán dos onzas de azúcar rosada y se batirán hasta que hagan mucha espuma, se pondrá á calentar un cazo de leche de cabras ó de ovejas y cuando esté caliente, se echará á cocer á cucharadas aquella espuma; luego se sacará con espumadera para que escurra la leche y se polvoreará con canela.

TORRIJAS.

Se cortan unas rabanas de panecillo remojadas en agua, leche ó vino blanco; se ponen á freir pasándolas por huevo batido y cuando están muy doradas, se les echa azúcar ó miel y canela.

CIDRA EN ALMIBAR.

Como la cidra es tan amarga es preciso ponerla en agua de cal por algunas horas, quitandole despues las semillas y lavandola, se escurre. Se cuece despues hasta que pierda el amargor, se echa en almibar cuando esté á medio punto y se deja cocer hasta que tenga el punto, retirándola y dejándola enfriar.

JALEA DE GROSELLA.

Seis libras de grosellas encarnadas, tres blancas y una libra de frambuesas. Comprímase estas frutas y despues de quitarlo los huesos con un paño sacando el jugo posible, el que se echará en un caldero, se hacen hervir por espacio de un cuarto de hora, espumandolas luego; se añade una libra de azúcar por cada una de zumo y continuará el hervor hasta que tome la consistencia debida.

CONSERVA DE MEMBRILLO.

Sanos y maduros se cortarán en pedazos, se les dará un fuerte hervor, se comprimirán con un paño espesóse les hará soltar el zumo, recojiéndolo en una vasija, se añadirá media libra de azucar por cada una de zumo y se cocerá en una cazuela nueva ó cazo hasta que tome consistencia el jarabe.

POSTRES DE HUEVOS Á LA TRINITARIA

Se toman huevos y se baten mucho las yemas en una taza con el azúcar correspondiente; se tiene agua hirviendo y se echa en la taza, meneándolo á menudo para·que se mezcle bien.

DULCE DE COCO.

Lávese la carne del coco despues de quitado el pellejo; se raya y se vuelve á lavar con agua frias echándolo despues en el almíbar hasta que lo vaya tomando, que no tardará mucho tiempo. Se advierte que el almibar ha de estar caliente para que tome mejor gusto.

DULCE DE CASABE.

Tómese la cantidad que se quiera de azúcar y almibar, en iguales proporciones; fórmese una masa con huevos, anis, vino blanco y un poco de manteca y canela, echese en pedazos pequeños á tostar en una sarten, conociendo que estará en su punto, cuando la masa tome un color amarilloso.

MAZAPAN DE ALMENDRAS.

Se toman almendras que se pelan bien y se machacan en un mortero, se revuélve esta masa con la misma cantidad de azúcar en polvo, se le echan diez y siete yemas de huevos por cada libra de almendras, se amasa todo muy bien y se pone á cocer al horno, dándole á la masa la figura que se quiera.

GARAPIÑA DE CAFÉ.

Se hace una decoccion de café bueno, se le añaden tres onzas de azúcar en polvo y una clara de huevo; se bate esta mezcla á fin de darle consistencia y se hace uso de ella.

MERENGUES.

Se baten seis claras de huevos con media libra de azúcar en polvo pasado por un tamiz de seda, se menea muy despacio este apresto con una cuchara de madera; se añade un poco de vainilla en polvo y se estienden los merengues en una hoja de papel. Estos merengues suelen hacerse del tamaño de un huevo; salpíquense de azúcar y pónganse á cocer al horno con fuego lento; luego de cocidos y que hayan tomado un buen color, quitense de las hojas de papel, pásense dentro de una cuchara para hundir la parte que no esté cocida, vuélvanse á poner en las planchas y en el horno para que acaben de cocerse, y con crema batida rellénense los merengues.

MAZAPANES.

Se pelan seis libras de almendras de buena calidad y se lavan, machacandolas; en seguida se dá punto á seis libras de azúcar clarificada: llegado que esté se quita del fuego, y con una espátula se le mezcla la almendra; despues de bien mezclada se vuélve al fuego y se sigue meneando, hasta que dicha masa no se pegue en la mauo se quita la espátula y se prueba encima la masa que contiene se saca de la caldera y se deja enfriar para hacer los obgetos que son varios, y la mayor parte se cuecen en el horno como se verá mas adelante en los artículos de pasteleria. Se le dará gusto de limon y con esta misma pasta se harán los turrones mas finos.

TURRON.

Se pelarán dos onzas de almendras dulces y otras tantas de avellanas cortadas en pedacitos. Se ponen en un pequeño caldero de repostería y en un fuego vivo con una onza de azúcar en polvo y cáscara de limon; menéese continuamente esta mezcla con una cuchara de madera hasta que las almendras estén garapiñadas; déjese luego enfriar bátanse dos claras de huevos en las que se mezclará la cantidad de azúcar en polvo que sea necesaria para dar consistencia al apresto, añádanse despues las almendras picadas al mortero, luego que esté todo bien mezclado pónganse sobre hojas de papel y sobre torteras á cocer al horno con fuego lento.

COMPOTA DE NARANJAS.

Tómense nueve naranjas de buen tamaño, pélense bien en agua fresca y pónganse á hervir con azúcar y agua. Luego que estén cocidas se arreglan en la compotera; se guarnecen con esmerino, redúzcase el almíbar en pequeño alisado y cuando esté frio se vierte sobre las naranjas.

COMPOTA DE MANZANA.

Tómense manzanas, córtense en dos pedazos y pélense; pónganse un cuarteron de azúcar en un pequeño caldero de repostero, el cuarto de un azumbre de agua y las manzanas, haciéndolas hervir; cuando están blandas se retiran, se ponen á enfriar y se aderezan en la compotera, se reduce el jarabe á nata y no se vierta sobre las manzanas sino cuando esté frio.

COMPOTA DE NARANJAS
Á LA HABANERA.

Pélense las naranjas y córtense en cuartos quitándoles las pepitas; pónganse en una cazuela con suficiente, agua para que se perdiguen al fuego; en cuanto estén tiernas se sacan y se ponen en agua fria; póngase azúcar refinada en un cazo en el que se tendrán las narajas y se harán hervir un rato; se sacarán del cazo y se dejarán enfriar, aderezándose en la compotera; hágase reducir el azúcar ó almíbar y cuando esté frio viértase sobre las naranjas.

COMPOTA DE LIMONES.

Hágase lo mismo que la naranja, pero no debe hacerse en un cazo de cobre sino de zinc.

DULCE DE HICACOS.

Se ponen en agua caliente á salcochar, pero se

cojerán los que se hallen enteros, tapándolos bien; se dejarán cocer y se echarán en el almíbar, poniéndolos al fuego hasta que el almibar esté en su punto, retirándolos en seguida.

DULCE DE NARANJAS.

Tómense naranjas ágrias por tener la cáscara mas gorda que las dulces, pélense y pártase esta en tres ó cuatro pedazos, échense á cocer en agua, y cuando estén tiernos se sacan y se ponen en agua fria; échense despues en almíbar á medio punto diez ó doce horas, pasado este tiempo vuélvanse á poner al fuego hasta que el almibar se halle en punto de caramelo y se deja enfriar.

DULCE DE GUANÁBANA.

Tómense guanábanas que estén blanaas, echense por un rato en agua bien caliente, sáquense despues y pónganse en almíbar con un poco de canela y arrimense al fuego hasta que estén en su punto.

BUÑUELOS DE HARINA DE MAIZ.

Despues de haber desleido cierta cantidad de harina de maiz y de haberla cocido á un fuego templado meneandola continuamente como para hacer una papilla, se saca del fuego y se añade agua de azahar y de azúcar sobre una superficie de gran estension, de modo que se conserve la pasta bastante espesa. Cuando esté fria se corta en pedazos y se le dá la figura que se quiera: se hace enrojecer con un hierro bien caliente para polvorear los trozos con azúcar y servirlos inmediatamente.

BUÑUELOS DE PÁTATAS.

Se cuecen las patatas, se majan en un mortero, se les añade leche y agua de azahar; tambien yemas de huevo para formar una pasta de buñuelos consistente y hacer con ellas unas bolitas que se frien y se llaman turrajas.

BUÑUELOS DE ÑAME.

Del mismo modo que los buñuelos de papas.

BUÑUELOS DE ARROZ.

Cuézase el arroz en agua con azúcar, añadiéndole agua de azahar, un puñado de canela en polvo y un poco de manteca Cuando ya está cocido se añade un batido de yemas de huevo y se echa en una cazuela para que se enfríe. Se forman despues bolitas del tamaño de un huevo poco mas ó ménos, se bañan con huevo, se frien y se polvorean con azúcar.

CREMA DE CAFÉ.

Se hacén hervir dos onzas de café en polvo en un cuartillo de leche con la mitad de crema; despues de algunos minutos se añaden tres yemas de huevo, que es preciso batir muy bien y cuatro onzas de azúcar en polvo, reduciendolo todo á la mitad, se pasa todo se deja enfriar y se sirve. La crema blanca de café se hace cociendo dos onzas de café en grano pa-echarlo caliente en leche hirviendo y seguir como se ha dicho.

CREMA DE ALMENDRAS DULCES.

Quítese el pellejo á seis libras de almendras echándolas por algunos minutos en agua hirviendo y majándolas con un poco de agua para que no se hagan aceite; se baten en un cuartillo de leche dos claras de huevo y cuatro onzas de azúcar en polvo haciendo cocer la leche á un fuego templado hasta que se reduzca á la cuarta parte, se añaden las almendras y se deja hervir por algunos minutos; se le echa una cucharada de agua de azahar y cuando esta fria la crema se adorna con almendras acarameladas.

CREMA CRIOLLA.

Se pone á hervir hasta que se redúzca á la tercera parte un azumbre de leche y un cuartillo de nata; añádasele onza y media de azúcar, y se deja enfriar por corto tiempo; agréguese un poco de cuajo deshecho en una cuchara con un poco de agua, mezclese ecsactamente y pásese por tamiz. Pongase despues sobre ceniza caliente con fuego en la tapadera, y cuando ya esté hecha se pone á enfriar v se conserva en un sitio fresco.

CREMA FRANCESA.

A un azumbre de leche fresca se añaden ocho cucharadas de azúcar en polvo, dos claras de huevos y una cucharada de café con agua de azahar; todo esto se bate muy bien, se le quita la espuma conforme vaya subiendo

y se pone en una cestita cubierta con un lienzo delga-
do para escurrirla y cernirla lo mas pronto posible.
A esta crema se le puede variar el color con azafran
para hacerla amarilla, con carmin para encarnarla, con
azul para azul; y en cuanto al sabor, en vez de agua
de azahar ó fria, escncia aromática que pueda ser
agradable.

Observacion.—Las cremas pueden hacerse de todos olores y sabores añadiendo á la leche lo que con-
venga; se hacen de rosa, clavel, &c.

ALMIBAR.

Para hacer almíbar se necesita dividir las partes
que la compongan, estas son el agua y el azúcar; para dos escudillas ó dos vasos de agua, una escudilla ó
un vaso de azúcar, de modo que siempre haya dos
partes mas de agua que de azúcar; todo lo cual mezclado se pondrá á hervir, y efectuado, se clarificará
con clara de huevo y almíbar mezclada con agua, se
espuma continuamente hasta que forme red blanca y
límpia. Cuélese en seguida por un cedazo de bayeta
ó franela para formar el almíbar que llaman de medio
punto. Se conoce cuando el almíbar tiene su punto
si metiendo una cuchara ú otro cuerpo cualquiera saca un hilo que se romperá; no sucederá así para darle
el último punto si se deja mas tiempo al fuego. El
punto de caramelo, que es el último que se dá, se
conoce cuando quiere empezar á hervir.

DULCE DE PAPAYA.

Tómense papayas que no estén verdes ni muy
maduras; pélense y pónganse en agua bien caliente,

sáquense al sol, y al cabo de diez ó doce horas pónganse en almíbar que se pondrá al fuego hasta que haya cojido el punto de caramelo.

MAJARETE HABANERO.

Tómese harina de maiz, pásese por un tamiz junto con libra y media de azúcar blanca, un vaso de leche un poco de canela y azafran; póngase todo en una cazuela al fuego, menéese de contínuo hasta formar una papilla espesa y sáquese para servirla, polvoreándola ántes con canela.

PLÁTANOS EN ALMIBAR.

Tómense plátanos que se empiecen á madurar, pélense y pónganse á salcochar, sáquense despues y pónganse en seguida en agua fria, luego se echan en almíbar, y se retiran del fuego cuando tome punto.

DULCE DE CABELLO DE ÁNGEL.

Tómese cidra, macháquese un poco, quítesele la corteza, enjúguese bien la pulpa machacada y aplastada; póngase al paso con igual cantidad de azúcar con lo que se hará el almíbar, estando á medio punto se le echa la pulpa de cidra, déjese cocer hasta que esté en su punto y apártese del fuego.

DULCE DE CIDRA.

Cuando las cidras son demasiado amargas se tie-

nen por un par de dias en agua despues de haberlas
cocido y quitado las semillas, siguiendo el método de
los demás dulces.

MANZANAS EL ALMIBAR.

Quíteseles el corazon á las manzanas después de
peladas y hechas pedazos; échense en el almíbar cuande se halle á medio punto despues de cocidas, déjense hervir y polvoréense con un poco de canela.

MATA-HAMBRE.

Se toma una docena de huevos que se batirán
con medio cuartillo de vino seco, un poco de anís y
unas cuatro ó cinco, cucharadas de buena mantequilla
revolviéndolo bien hasta que se unan todas las partes
añadiendo un puñado de cativía hasta que forme una
masa que no esté dura y se pondrá en una tartera con
fuego por arriba y abajo cubriéndola cuando esté en
sazon con granos de ajonjolí.

TOMATES EN ALMIBAR.

Tómense tomates grandes, esprímaseles el zumo,
quítenseles las semillas, pásense por agua hirviendo y
sígase despues el sistema de las demás frutas.

SOPA BORRACHA.

Esta se hace con panetelas cortadas en pedazos
rociándolas por encima con un poco de vino blanco y
despues con almíbar, echándole un poco de canela.

HELADO DE CREMA CON AVELLANAS.

Tuéstese una libra de avellanas, quíteseles la piel, pónganse en un cazo con media libra de azúcar para garapiñarlas un poco, y cuando se hayan enfriado cuájense y añádase un poco de verde de espinaca para darle color.

HELADO DE CREMA CON CAFÉ.

Hágase hervir media azumbre de buena crema; cuando esté un poco enfriada pónganse ocho yemas de huevo y una libra de azúcar en polvo en una cazuela, desleido el todo con la crema; añádasela la octava parte de un azumbre de café con licor muy fuerte; póngase la cazuela al fuego y muévase su contenido continuamente con una cuchara de madera. Cuando empiece el apresto á ponerse espeso retírese del fuego y cuando se haya enfriado pásese por la estameña y sométase al hielo.

PONCHE DE ROM.

Póngase en un tazon la cuarta parte de un azumbre de rom é igual cantidad de aguardiente bueno; frótense pedazos de azúcar sobre la corteza de dos limones para quitarles el aceite de esencia; añádase tambien en el zumo de tres ó cuatro limones, una fuerte infusion hecha con dos granos de té, el agua caliente necesaria al grado que se quiera beber el ponche y media libra de azúcar. Hecho ya el compuesto pásese por un tamiz de seda y manténgase caliente en un baño de María hasta el momento de servirlo. Es muy difícil dar aquí las proporciones exactas de esta bebida, pues la fuerza que se le debe dar depende del gusto de cada uno.

MANJAR BLANCO.

Tómese libra y media de harina de arroz; échese en dos jarros de leche libra y media de azúcar y tres cucharadas de agua flor de naranja, póngase á cocer á fuego vivo, menéese contínuamente hasta que se espese, que es como se ha de servir.

PUNCHE DE LECHE.

A un jarro grande de leche puesto al fuego se le echa como una escudilla de azúcar blanca y unos granos de anís, bátase contínuamente con un molinillo para evitar el que se corte; déjese hervir un rato y tómese caliente, que es como tiene mejor sabor.

PONCHE DE HUEVOS.

Tómense huevos frescos que se batirán bien como para hacer una tortilla; échense en seguida en un jarro en donde esté agua caliente preparada ya con azúcar y tres cucharadas de rom; revuélvase bien como en la anterior y tómese en seguida.

ZAMBUMBIA.

Echese en una vasija como botella y media de melado de caña y como tres veces mas de agua, siendo esta la proporcion que ha de guadarr; hágase la cantidad que se quiera añádase media mazorca de maiz quemado y déjese en infusion por cuatro ó cinco dias, pudiendo tomarse entonces. Al que le parezca muy fuerte que la tercie con agua.

HELADO DE AGRÁZ.

Se toman dos libras de agráz desgranado, cuatro limones, un azumbre de agua y una libra de azúcar. Se maja el agráz en un mortero de mármol, se le añade agua y se pasa al través de un lienzo muy tupido; se pone la pulpa en una vasija y se reunen los licores, se añade el azúcar, se menea hasta que esté enteramente fundida y se hacen los helados.

HELADO DE NARANJAS.

Tómense veinte naranjas, rayaduras de cuatro dichas y ocho onzas de azúcar. Elíjanse las mejores que se puedan, háganse cuartos para sacarle las pepitas, májense con la rayadura en un mortero de mármol, envuélvase en un lienzo y póngase en prensa. Cuando se haya estraido todo el jugo se mezcla con el azúcar que deberá haberse fundido en un cuartillo de agua y se coloca todo en una cantimplora para hacer los helados en el molde de queso ó en el de naranja. Para dar al helado el color de este fruto se toma un poco de amarillo líquido desleido con un poco de carmin; se moja ligeramente un pincel y se dá sobre el helado al sacarle del molde. Del mismo modo se hacen los helados de limon.

EMPANADAS.

Tómense dos libras de harina, media onza de sal desleida en agua, media de manteca de vaca y diez

huevos enteros; de todo esto hágase una pasta. Si no
está bastante blanda se añaden huevos, se amasa
hasta cinco ó seis veces, se coloca despues sobre una
tabla polvoreada con harina y se deja así por doce horas. Al cabo de este tiempo se forman las tortas y
se echan á hervir en agua y crema, meneando la caldera para estimularlas á que suban y volviéndolas á
meter con la espumadera. Cuando estén ya consis-
tentes se retiran y se echan en agua fresca, en donde
deberán estar por dos horas y despues se sacan para
que escurran bien y se cuecen en el hornillo.

PASTELILLOS Y EMPANADAS.

Hágase una pasta como se ha dicho en el artícu-
lo anterior, y despues de haberla puesto en una tartera se hace una tira de hojaldre de una pulgada
de largo y un dedo de grueso. En medio se ponen
bartolillos, confituras y frutas preparadas en compo-
ta. Los pastelillos son unas empanadas pequeñas
que se hacen lo mismo con diferencia del tamaño.

PASTA REAL.

Pónganse en una cacerola dos vasos de agua comun, cuatro onzas de manteca fresca, la corteza de
un limon cortada en pedacitos, cuatro onzas de azúcar y un poco de sal. Cuando todo esto empieza á
hervir se pone la cacerola á la boca del hornillo, se
quitan las cortezas de limon y se le añade poco á poco harina, tanta cuanta pueda absolver el agua: se

menea continuamente, se pone la cacerola al fuego por espacio de cinco minutos sin dejar de menear; se conocerá que la pasta está en su punto cuando se desprenda de la cacerola; entónces se pone en una vasija de barro, se añaden huevos uno por uno hasta que la pasta se pegue á los dedos. Despues de haber bañado con manteca y harina una fuente, se coloca encima esta pasta en pedazos del grueso de una nuez, se dora y se le añaden almendras picadas con azúcar molida antes de ponerlas al horno.

PASTEL CALIENTE.
A LO TIERRA ADENTRO

Hágase la pasta como ya se ha dicho, enharínese para ponerla á cocer; retírese despues, quítesele la harina y métase en un guiso de carnero con plátanos. Puede cocerse este pastel en el hornillo ó sobre ceniza caliente.

PASTEL FRIO.

La carne que se destine para hacer el pastel debe estar pasada por manteca y quitados los huesos como la de guanajos, gallinas, pollos, conejos y capones, pero se deja entera la de patos, pichones, perdices y calandria. El jamon debe cocerse tambien de antemano; y todo, escepto este último, mecharse con pedazos mas ó menos gruesos y sazonados. Acabados estos preliminares se toma un trozo de pasta preparada y se hace una bola ú óvalo aplastándolo sobre dos hojas de papel estraza de la figura que se quiera, reduciéndolo al grueso de un dedo, déjesele á la pasta un ribete de tres ó cuatro dedos para colocar dentro las carnes, llenando los intérvalos con relleno. Apriétese con las manos para hacer del todo una masa, cúbranse los lados y la superficie con lonjas de tocino, fórmese con la pasta una cubierta, enmedio de la cual se hace una abertura en la que se enrollará un naipe ó cartulina; póngase á cocer á fuego vivo tres horas seguidas lo menos; se saca, se le quita la cartulina y se cierra la abertura con un poco de la misma pasta.

PASTEL DE QUESO.

Se hace con la pasta real, sin azúcar y cuando está numedecida con los huevos se echa queso en pedazos ó rayado, y en estando bien incorporado todo, se hace como ya está dicho.

TORTA DE ALMENDRAS.

Póngase en agua caliente media libra de almendras dulces para pelarlas con facilidad, escúrranse y májense en un mortero, añadiendo un poco de clara de huevo para que no se ponga aceitosa; póngase despues en una cazuela para una libra de azúcar en polvo diez onzas de harina, doce yemas de huevos enteros. Luego que esté bien batido mézclense cuatro claras de huevos espumadas, añádase una libra de manteca clarificada, y estando todo bien unido, llénense cajoncitos de papel del alto de dos ó tres dedos y métanse en el horno con fuego muy lento; se puede polvorear con azúcar y ponerlo por un rato al horno si se quiere.

PASTILLAS PARA EL PECHO.

Pónganse en una cazuela dos onzas de goma tragacanto, déjese en remojo hasta el dia siguiente en agua bien clara. Cuando se haya disuelto, póngase sobre un mármol limpio al través de un estropajo nuevo, y á fuerza de brazos májese, añádasele igual cantidad de azúcar real en polvo y almidon; luego que esta pasta esté bien amasada y bien consistente, póngase en una cazuela cubierta con un lienzo húmedo y que no toque la pasta.

PASTEL DE HOJALDRE.

Téngase preparada la cantidad necesaria de hojaldrado para un hermoso hojaldre; prepárese tambien una poca de pasta estrellada y hágase de ella una empanada, poniéndola en una plancha untada con manteca; mójese un poco la empanada; encima el hojaldrado y aplánese con el rodillo para que quede del grueso de tres dedos; póngase encima una tapadera de olla del tamaño que se quiera hacer el hojaldre, córtese la pasta al rededor de la tapa á poca distancia del borde, póngase al horno estando poco caliente, y cuando se haya cocido suficiente quítese la tapadera, vacíese el hojaldre de la tapa para cocerlo, y aderécese con el guisado preparado al efecto. Se pueden hacer de todos tamaños, y cuando son muy grandes no es necesario ponerles fondo alguno de pasta.

CREMA TOSTADA CON LECHE.

Tómese un molde de hoja de lata del tamaño de un plato de intermedio, cuyo borde ha de ser de un palmo de alto, úntese de manteca y póngasele interiormente pasta estrellada; pónganse en un barreño ó cazuela dos cucharadas de harina, tres huevos, un poco de sal y deslíese el todo con la cuarta parte de un azumbre de leche, llénese el molde con este compuesto y póngase á cocer tres cuartos de hora en el horno, no muy caliente si se quiere azucarado, pónganse al compuesto dos cucharadas de azúcar con un poco de agua de azahar; cuando esté cocido salpíquese con un poco de azúcar en polvo.

BUDIN CASERO.

Póngase en una cazuela al fuego como medio azumbre de leche con tres cuarterones de azúcar en polvo, limon rayado y un poco de canela. Cuando esté compuesto hierva, échese en una tortera sobre una libra y media de pan tierno cortado en trozos; déjese remojar una hora escurrase en un tamiz, vuélvase á poner en una tartera con seis huevos enteros y batidos, úntese un molde unido, échensele hasta tres partes del compuesto, úntese de manteca y harina una servilleta, envuélvase en ella el molde, liense las cuatro partes sobre el molde, póngase el budin en una olla de agua caliente y déjese cocer una hora; en el momento de servirse escúrrase la servilleta, vuélquese el molde sobre el plato y añádasele la siguiente salsa: pónganse en una cazuela una cucharada pequeña de harina y dos de azúcar en polvo, desliense en una poca de crema con manteca, vino seco, toronja picada y hágase cuajar esta salsa sobre el hornillo viértase sobre el budín y sírvase caliente.

BARQUILLOS.

Póngase en una tartera un cuarteron de harina otro de azúcar en polvo, dos huevos enteros, un poco de flor de naranja y bátase bien esta pasta; téngase un poco de agua caliente en la cual se pondrá una poca de manteca, mójese la pasta con esta agua sin que sin embargo esté demasiado clara, caliéntese el molde para los barquillos, úntese ligeramente con manteca, échesele dentro una cucharada del compuesto y póngase al fuego no muy fuerte, cuando el barquillo esté cocido enróllese sobre un pequeño rodillo cuidando de tener estos barquillos en la estufa.

SOPA DE ÁNGEL.

Mézclese con leche hirviendo libra y media de harina de arroz; cuanno se haya espesado se le añaden seis yemas de huevo, tres claras, media libra de azúcar, canela y algun otro aroma agradable revuélvase todo continuamente y mézclese con un buen caldo, hágase cocer al baño de María y sírvase sin ser muy espeso.

PARA CONOCER SI EL VINO TIENE AGUA.

Llénese un jarro de vino y si metiendo una man-

zana cae al fondo probará que el vino tiene agua; y
si se mantiene al aire, el vino es puro.

BIZCOCHOS DE CREMA.

Se baten seis yemas de huevo con media libra
de azúcar en polvo de vainilla pulverizada; se mueve
el todo bien con una espátula de madera, se baten
tambien las seis claras y se mezclan con el compues,
to, removiéndolo ligeramente; se ponen tambien cuatro onzas de la mejor harina, pasada por el tamiz y
seis cucharadas de crema batida; hecho el compuesto
se echa en pequeñas cajas de papel hechas en forma
circular ó larga; se cuecen en el horno con fuego lento, y cuando se hayan secado se pondrán sobre el lado á fin de que no se deshagan.

BIZCOCHOS GARAPIÑADOS DE NARANJAS.

Póngase en la preparacion de la pasta de bizcochos raspadura de cáscara de naranja; cuézanse los
bizcochos amoldados; cuando estén cocidos póngaseles una cama de garapiña de naranja hecha del modo
siguiente. Se ponen en una tartera dos onzas de buen
azúcar en polvo, clara de huevo y la raspadura de
una naranja; cuando el todo está bien batido se añaden dos onzas de azúcar en polvo y se sigue batiendo; se da á los bizcochos una capa de esta garapiña;
se vuelven á poner al horno para secarlos, se sacan
luego del molde y se conservan en un lugar seco.

VINAGRE DE PLÁTANOS.

Echense en una cazuela ó vasija plátanos bien maduros, que se machacarán antes para que puedan soltar bien el zumo y llena de agua la cazuela tápase para que fermente, lo cual se conseguirá á los pocos dias; sáquese despues y póngase en botellas y se tendrá un vinagre superior.

TURRON DE ALICANTE.

Se tomará media docena de claras de huevos batidas con almíbar y miel, se pondrán al fuego y se mantendrán en él hasta que quede en su punto de caramelo; es decir, que quiera empezar á hervir: se echa despues almendra partida con terrones de azúcar, se revuélve bien y se echa de pronto sobre obleas en panes blancos, que estarán puestos sobre hojas de papel, dándoles el grueso que uno quiera al turron al tiempo de echarlo sobre el papel.

MERENGUES AMERICANOS.

Tómense seis claras de huevo con cuatro onzas de azúcar en polvo, y haciendolo evaporar todo sobre ceniza caliente y meneandolo de continuo, se añaden cuatro onzas de almendras dulces hechas pasta y concluida la mezcla se forma un merengue redondo ú ovolado del tamaño de una cuchara, teniendo cuidado de dejar un vacio en medio de cada uno; se polvorean con azúcar muy fina y se ponen al horno, sacandoles cuando estén levantados y poniéndoles dentro crema batida para cubrirlos con la mitad.

RATAFIAS.

Ratafias son licores preparados por infusion de las frutas, para lo cual se necesita que el espíritu de vino sea muy bueno ó aguardiente muy clarificado.

RATAFIA ESTOMACAL.

Cuatro onzas de cáscara de naranja, una de cilantro, dos adarmes de canela, dos de clavillo y una de maiz: todo esto se pone en infusion durante quince dias, en cuatro libras de espíritu de vino; despues se sacan estas sustancias esprimiéndolas ligeramente; se añade libra y media de azúcar desleida en tres libras de una infusion suave de manteca en polvo; se filtra al cabo de ocho dias y se le dá color en la proporcion de tres gotas de amarillo por una de rosa.

PARA TEÑIR LICORES DE ROSA.

Para teñir de este licor se usan las bolitas de orchila puestas en infusion en espíritu de vino de treinta y tres grados.

PASTEL DE PESCADO.

Con una libra de harina se hace un círculo encima de una mesa y se le añaden en medio tres onzas de aceite de olivo refinado, un vaso de agua caliente con una jícara de vino blanco; se amasa para formar una pasta de igual consistencia que la anterior; despues que haya descansado un rato, se toman las tres partes, se aplanan con el rodillo y se forma una rueda &c.

EMPANADAS DE PESCADO.

Se hacen por el mismo proceder.

TORTA DE ARROZ.

Hágase hervir una libra de arroz, cuando el agua esté hirviendo dentro de una olla nueva ó bien de una cazuela estañado se le echa el arroz y ántes de cocido se escurre el agua y se acaba de cocer con leche, despues se quita del fuego, se vuelve á escurrir, se pone dentro de una vasija, se le añade una onza de manteca fresca, un huevo y dos yemas, se menea con una cuchara, se le echa media libra de azúcar blanca, un poquito de canela y la raspadura de un limon; se pone en seguida en un molde de nata untado de manteca y empolvado con galleta pulverizada, se pone en el horno, y cuando tiene color se saca y frio se quita del molde,

PALANQUETA CRIOLLA.

Se hacen con el melado de la caña clarificado con clara de huevo y bien batido con azúcar, revuélvase bien despues con casabe y canela en poca cantidad, téngase siempre al fuego, y estará en su punto cuando se vea que la masa deja de ser pegajosa.

BIZCOCHOS Á LA ITALIANA.

Se toma como una libra de almendras peladas y secas, se machacan en un mortero juntamente con cuatro huevos, se ponen en una vasija á la que se añaden doce yemas de huevos, se menean con la espátula de contínuo por espacio de media hora y despues se le añaden tres onzas de manteca y dos huevos, se vuelve á batir un rato, en seguida se pone media libra de harina y dos onzas de fécula de patatas con una ó dos cucharadas de buen coñac, rom ó aguardiente anisado, cuando esté mezclado se pone dentro de unas cápsulas cuadradas de diez pulgadas, untadas de manteca para cocerlas en el horno templado.

LECHE CUAJADA.

A un cuartillo de buena leche se le añade un polvo de canela, una cáscara de limon y una escudilla de azúcar blanco; se pone á hervir, y despues se deja enfriar se le ponen ocho huevos, se bate todo bien para que se mezcle, póngase á cocer otra vez dentro de otra vasija con agua hirviendo, pero siu que le falte agua dentro; de estc modo se irá cuajando y se le ayudará á ello con una tapa con brazas que se le pasará por encima.

BUDIN Á LA INGLESA.

- Echese en un puchero nuevo media botija de leche con media libra de pan blanco sin corteza; póngase cerca de fuego y sepárese cuando se haya embebido todo la leche; déjese enfriar para añadirle cuatro onzas de azúcar tamizado y dos huevos, bátase bien con una espátula, añádanse dos onzas de pasas de Málaga, dos de dulce seco de cedrato ó limon en pedacitos, onza y media de manteca fresca derretida y uua copa de rom de Jamáica; agítese la mezcla con la espátula y échese despues dentro del molde untado; pónganse en el horno caliente; vuélvase cuando tome color y sáquese del molde cuando esté frio.

TETAS DE VACA.

Arréglense encima de papeles algunos pedazos de bizcochos cuadrados ó redondos, y por encima se coloca alguno de yema capucina, la cual se cubrirá con pedacitos muy delgados del mismo bizcocho: estiéndase en seguida por encima con la manga en forma de cucurucho, que es la que sirve para los bizcochos, ó á cucharadas, pasta de merengue, procurando que presente una verdadera teta de vaca, en cuya punta se pondrá un confite color de rosa y se cocerá en horno muy suave.

PANECILLOS DE AVELLANAS.

Pélense domo dos libras de avellanas tostadas, macháquense déntro de un almirez con siete claras de huevos, añadánsele despues tres libras de azúcar blanco y seco háganse los panecillos del tamaño de una nuez sobre hojas de papel ó planchas untadas y enharinadas. Arreglados de este modo se cuecen en hornillo templado.

MELON DE CASTILLA

Es preciso primero salcocharlo y despues quitarle la corteza; séquese bien con una servilleta, échese en seguida en almíbar, désele punto, déjese enfriar, y cuando se sirva se le puede echar un poco de sal y canela molida.

AZUCAR QUEMADO.

Póngacse dentro de una cazuela dos libras de azúcar clarificado, désele punto, pasado de caramelo, y antes que llegue á él échensele algunas gotas de zumo de limon déjese hervir hasta que el azúcar tome un color casi negro, en cuyo estado se apartará del fuego; cuando haya acabado de hacer la ebullicion échese á chorro un poco de agua caliente y despues se pone otra vez al fuego para que se liquide. Este azúcar es necesario para el uso de las cremas y para otras clases que merecen darle color.

DULCE DE GUAYABA.

Pártanse guayabas maduras por la mitad, échense á salcochar sin semillas, despues de bien cocidas pónganse en almíbar que esté á medio punto, dejándolas hasta pue tome el entero.

BIZCOCHOS Á LA MAGDALENA.

Pónganse en una vasija seis huevos y cuatro yemas, bátanse bien con su espátula, añádase despues una libra de azúcar pasado por un tamiz, y cuando esté bien mezclado añádasele onza y media de manteca fresca derretida, un poco de zumo de limon y bátase: incorpóresele una libra de harina de buena calidad, llénense con una cuchara los moldes, que sean de lata y estén untados por dentro de manteca como todos los moldes que ván al horno. Así que estén llenos échenseles por encima pedacitos de almendras peladas, métanse en el horno por espacio de media hora y sáquense frios.

BIZCOCHOS MERENGADOS.

Añádasele á la pasta de los anteriores dos onzas de dulce seco de poncidre cortado en pedazos; cuando esté cocido se le pone uno cucharadita de pasta de merengue y se ponen en el horno por pocos minutos.

ALMIBAR DE ORCHATA.

Tómese una libra de almendras dulces, cuatro onzas de amargas, dos libras de azúcar, un azumbre de agua, dos onzas flor de naranja y la corteza de un limon; déjense las almendras en agua fria el tiempo conveniente para que el pellejo se separe con facililidad; pues para esto no deben echarse en agua caliente; májense las almendras en un mortero, añadiendo de tiempo en tiempo un poco de agua y corteza de limon. Despues que la pasta esté echa y bien desleida con mitad de agua, se aprieta fuertemente á través de una servilleta bien tupida y se vuelve á poner la pasta en el mortero, se le echa agua y se esprime de nuevo. Póngase agua en una vasija y cuézase, retírese la vasija y échese en ella leche de almendras, meneándola hasta que haya hervido por algunos minutos; sáquese entonces del fuego, déjese enfriar, écheseles agua flor de naranja y pásese todo por una servilleta ó pasador. Despues de llenadas las botellas de este almíbar, se deben revisar de vez en cuando porque el aceite de las almendras, como mas ligero, sobre-nada y parece los divide en dos partes, y aun pudiera alterarse el almíbar si no se toma la precaucion de menearlo paa conservar la mezcla.

CLARIFICACION DEL AZUCAR.

Bátase mucho una yema de huevo hasta el estado de nieve con un poco de agua fresca y se le añadirá poco á poco hhsta un vaso de agua, póngase en una vasija ocho ó diez libras de azúcar molida, desleida

con la mitad del agua preparada con la clara de huevo de modo que quede muy espesa; se pone la vasija
al fuego, se deja subir el azúcar por dos veces antes
de espumarla y se tendrá cuidado de echar un poco
de agua para clarificarla hasta que la espuma salga enteramente blanca.

COCO RAYADO.

Tómese coco que se rayará y se mezclará con yemas de huevo batidas, se echa despues en almíbar de
punto mayor con un poco de vino seco y canela y se
pone al fuego en una tartera.

JALEA DE MAMEY DE STO. DOMINGO.

Se hace de la misma manera que la de guayaba.

TORONJAS EN ALMIBAR.

Se compone lo mismo que el dulce de naranjas.

COROJO EN ALMIBAR.

Se rayará primero y despues se lavará echándolo
en almíbar á medio punto.

DULCE COMPUESTO.

Tómese libra y media de azúcar en polvo, veinte ó treinta pasas, una libra de almendras tostadas, siete cucharadas de agua azahar y unos pedazos de cidra ya cocida; hágase una masa con esto y cuatro ó seis libras de harina de maiz, una libra de manteca y seis yemas de huevo; humedézcase todo con agua caliente y póngase al horno dándole la figura que se quiera.

PANETELAS PRINCIPEÑAS.

Con dos cucharadas de agua de azahar que se tomen, una libra de queso rayado, libra y media de boniato tambien rayado, media libra de almendras molidas, un poco de coco rayado y cuatro libras de almíbar clarificada á medio punto, poniéndolo todo revuelto á un fuego fuerte y revolviéndolo con una paleta hasta que se vaya despegando, que es la señal de estar en su punto: se forma este dulce de un sabor muy agradable.

TORTA DE ALMENDRAS.

Tómese media libra de almendras dulces peladas: macháquense en un mortero, añadiéndoles un poco de clara de huevos para que no se pongan aceitosas; pónganse luego en una vasija con una libra de azúcar en polvo, diez onzas de harina, doce yemas de huevos y cuatro huevos enteros; en estando todo bien batido se mezcla con cuatro claras de huevos espumadas, se añade una libra de manteca clarificada y estando todo bien unido se echa en cajoncitos de papel del alto de dos ó tres dedos y se meten en el horno con fuego muy lento: se puede empolvar con azúcar en polvo y volver un poco al horno si se quiere.

TORTICAS SABROSAS DE ANIS.

Se tomará una cucharada de aceite de tártaro, tres yemas de huevos y cinco claras, una libra de azúcar en polvo, medio cuarteron de semilla de anís verde; amásese todo esto en una vasija con una libra de harina pasada por un tamiz, se le dá la forma de torticas y se pone á cocer al dia siguiente con un fuego lento.

TORTA DE SÉMOLA

Hágase una sopa de sémola con leche algo espesa y bien cocida, siguiendo el mismo sistema que con la de arroz.

TORTA DE PAPAS.

Se hacen asar en las brasas cierta cantidad de papas; se les quita el pellejo y se majan con un porcion regular de manteca fresca, se pasan por un tamiz y se ponen en una vasija para mezclarlas con cuatro huevos enteros, un poco de azúcar en polvo, una ó dos cucharadas de buena crema, una poca de agua flor de naranja y luego que el todo esté bien mezclado, hágase cocer pero sin que hierva.

MARIQUITAS.

Arréglese en una vasija un cuarteron de almendras dulces machacadas, una onza de manteca, un poco de sal y zumo de limon; se desliará todo con la cuarta parte de un azumbre de leche, se pone este compuesto sobre el fuego y se deja hasta que parezca crema; se cubren fondos de moldes para pastelillos con hojaldrado y se guarnecen con el preparativo frio, poniéndolo en el horno con fuego vivo. Cuando las mariquitas estén casi cocidas, sáquense del horno para ponerles encima una capa de claras de huevos batidos, salpicándolas con azúcar grueso: se vuelven á poner al horno por un corto rato y se retiran así que hayan tomado un color rubio.

TORTA FRITA Á LA FRANCÉSA.

Medio azumbre de harina se echa en una vasija con cuatro cucharadas de aceite, un vaso de agua y se revuélve todo con una cuchara de madera, se echa otro medio vaso de agua y una poca de sal y se remueve todo hasta que la pasta esté bien unida y que no esté demasiado clara ni demasiado espesa; en el momento de servirse se baten tres claras de huevo hasta que espumen y se echan despacio en la pasta.

PASTEL DE POLLA.

Quitado que se hayan los huesos á una polla, se mecharán los filetes con lonjas de tocino, se hará luego un relleno de carne de ternera, tocino fresco y las carnes de un pollo, separando la pechuga, májese y píquese todo junto, condimentandolo con sal, pimienta y especias; córtense en lonjas la pechuga del pollo, algunas tajaditas de jamon y pedacitos de tocino; se estiende una capa de relleno sobre la polla deshuesada, se ponen los filetes de la pechuga del pollo, del jamon y del tocino, se cubren con otra capa de relleno y se une la polla; se guarnece el molde con pasta y se sigue el método del hojaldre. Este pastel ha de cocerse una hora mas á causa de estar crudo.

PAPAS CON NATA.

Se pondrá una porcion regular de manteca en una cazuela con una cucharada de harina, sal, pimienta una poca de moscada picada y cebolleta, se mezcla todo y se le echa un poco de nata. Póngase la salsa en el fuego y menéese hasta que hierva; se echan despues las patatas y cuando esten cocidas y cortadas se sirven.

TORTA ITALIANA.

Con seis onzas de harina se forma una pasta y se hace con todo una levadura. Se ponen en seguida en una cazuela diez y ocho onzas mas de harina con doce huevos y medio vaso de nata de leche, cuatro onzas de azúcar en polvo, cuatro de pasas de las mejores, cuatro de almendras, dulces bien mondadas y cortadas menudamente. Se añade la levadura si está bien fermentada, se mezcla todo y se pone.la pasta dentro de un molde; en seguida se colocará en un lugar templado por espacio de doce horas, hasta que se vea que esté bien fermentado y que el molde esté bien lleno; póngase en un horno còn fuego hasta que adquiera un buen color dorado.

TORTA DE ARROZ Á LA MADRILEÑA.

En una cazuela puesta al fuego se pondrá la cuarta parte de un azumbre de agua, media libra de arroz de Valencia bien lavad; cuando se halla reventado un poco, se escurre, el agua que queda en el arroz y se moja con un poco de leche; en el momento de estar cocido se le añadirá una cucharada grande de buena manteca; en cuarteron de azúcar en polvo, un poco de agua flor de naranjo, tres huevos enteros y tres yemas batidas; todo se mezclará con el arroz y untando un molde de manteca y salpicado con pan migado se llenan las tres cuartas partes del molde compuesto de arroz. Se hará cocer por una hora en el horno.

TORTILLA DE CEBOLLA CON LECHE.

Primero se hacen cocer en leche algunas cebollas cortadas en pedacitos, y cuando esten se añade una poca de leche, sal pimienta, se echan los huevos batidos y bien mezclado todo se hace cocer á la sarten.

TORTILLA CONFITADA.

Se baten por separado las claras de seis huevos, se mezcla un poco de limon con las yemas y se juntan con las claras. Se amalgama todo, se añade un poco de nata dos cucharadas de mermelada de manzana, albaricoques, sustancia de grosellas &c., como mas agrade. Lo que resta se hace como en las demas tortillas.

NATILLA Á LA HABANERA.

En dos cuartillos de buena leche de vaca se echa la cáscara de un limon, una libra de harina, siete huevos, un polvo de canela, otro de anis y una hoja de laurel; mézclese todo, revuélvase continuamente puesto al fuego ó hasta que haya hervido; sáquese y póngase en la fuente y échesele azúcar y canela por encima.

BOCADO DE CARDENAL.

Se toman tres libras de avellanas y una de almendras, pélense muy bien; tres libras de azúcar y dos y media botellas de leche: se muelen bien las almendras y avellanas, se deshacen con una poco de leche y agua, agréguenseles diez yemas de huevos, cuelese y el residuo se vuelve á machacar y á colarlo otra vez, se junta despues con la demas leche, se pone al fuego y se menea de continuo. Cuando se vea que se despega se aparta y se pone en una fuente con almendras tostadas.

BOCADILLOS DE DAMA.

Se pone en una tartera media libra de azúcar en polvo, doce huevos, tres onzas de fécula, un polvo flor de naranja garapiñada y un poco de sal; bátase y trabájese bien este compuesto; úntese con manteca una tartera y estiéndese en ella, hágase cocer veinte minutos en el horno con fuego lento, cortenee los bocadillos con un cortapastas; bátase una. clara de huevo con azúcar en polvo para garapiña los bocadillos, vuélvanse á poner en el horno para que se seque la garapiña y manténganse en un lugar seco para conservarlos.

DULCE DE FLOR DE ESPINO.

Primero se cuecen en agua las flores y despues de quitado el amargor se hace lo mismo que con la cidra en almíbar.

GUAYABITAS DEL PINAR.

Lo mismo que las otras, cociéndolas enteras en lugar de partidas,

TURRON DE GIJON.

Se ponen doce libras de miel dentro de un caldero con seis libras dé azúcar tamizado, se pone al fuego y se menea lo mismo que para los turrones de Alicante. Cuando tenga punto de caramelo se quita del fuego, se suben doce claras de huevo y se le añaden mientras está en el fuego; despues se vá siguiendo hasta que tiene punto de romper, se le mezclan ocho libras de almendras, cuatro de avellanas tostadas y machacadas y cuatro de piñones todo ha de estar caliente cuando se mezcle: despues se saca la pasta encima de una mesa y se deja enfriar. Macháquese despues dentro de un almirez, póngase en seguida al horno dentro de una tostadora, llénense las cajas ó moldes guarnecidos de papel cuando esté caliente, se prensa y se sirve cuando esté frio.

TURRONES DE YEMA.

Los turrones de mazapan sirven para hacer los de yema, añadiendole seis yemas por cada libra de mazapan y una onza de azúcar en polvo; cuantas mas yemas se le echen mas finos saldrán, aumentando el azúcar en proporcion, cociéndolos despues con muy poco fuego y amoldándolos como los demas,

CASTAÑAS CARAMELADAS.

Con la misma pasta del mazapan se hacen castañas imitadas; despues de secas se pasan por azúcar que tenga punto de carámelo, siguiendo el mismo sistema de las yemas carameladas.

OTRA CLASE NATURAL DE CASTAÑAS.

Se toman unas cuantas libras de castañas de las mayores, se hacen hervir con agua, despues se pelan bien y se ponen dentro de un cazo con azúcar clarificado, se ponen en un fuego muy lento para que no puedan hervir por espacio de veinte y cuatro horas, despues se escurren y se caramelan como las anteriores: cuando estén frias se envuelven en papeles iguales á los de las yemas.

BARQUILLOS DE LIMON.

Tómense doce libras de flor de harina tamizada, póngase en una caldera con ocho libras de azùcar quebrado, disuélvanse en veinte libras de agua y menéense con una espátula; añádanse diez y seis yemas de huevo, mézclense bien y agréguesele una libra de aceite bueno y dos onzos de raspaduras de limcn; bátase bien la pasta y deslíese con el agua sobrante, advirtiendo que cuando se hace la primera mezcla no se debe poner mas que la mitad ó un poco mas del agua, y dado caso que cuando se añada la restante no quede bastante clara se le añade un poco mas; para conocer si está clara se levanta la espátula, se sopla, y si forma una roseta es prueba que se pueden untar los moldes con manteca de tocino, calentarlos bien, abrirlos y ponerle una encharada de pasta bien repartida en medio del molde; se cierra con velocidad; se pone á un fuego vivo de carbon ó de leña, se deja un minuto, se vuelve y al instante se abre; se despega el barquillo, se arrolla sobre sí mismo en forma de un palo redondo del grueso que se quiera para darle la hechura.

BARQUILLOS DE LECHE.

Se hacen iguales á los anteriores, agregándoles algunas yemas mas y poniendo leche en lugar de agua. Si se quiere economizar se le puede poner la mitad de agua y darle gusto de canela de la mejor.

BARQUILLOS BORRACHOS.

Se toman cuatro libras de harina de buena calidad, se ponen en un calderito limpio, se añaden dos libras de azúcar blanca en polve, veinte y cuatro yemas de huevo, dos porrones de leche, otro de vino y una onza canela de Holanda en polvo y se hace pasta como en los anteriores.

BARQUILLOS DE FRANCIA.

Se deslíen seis libras de harina con tres libras ázúcar blanco derretido con una libra de agua flor de naranja, tres porrones de leche, dos docenas yemas de huevo y dos libras de manteca fresca derretida: se le raspa una naranja y se hacen por el mismo estilo.

DULCE DE GUANÁBANA.

Se le quitan las semillas á la guanábana, se pela, se salcocha, se pone en almíbar á medio punto, se polvorea con canela molida y se deja hasta que el almíbar haya tomado punto.

JALEA DE GUAYABA.

Tómense guayabas maduras que se pondrán á
salcochar, despues se pasan por un tamiz, luego se
mezcla con igual cantidad de miel á punto subido, se
deja al fuego, se menea sin cesar con una espátula
hasta que esté en punto: se conocerá en que se cuaja
cuando se echa un poco en un vaso.

PANECILLOS DE YEMA.

Se machacan dos libras de almendras mondadas
y tostadas, dos libras y dos onzas de azúcar blanco
seco; mientras se machaca la almendra se le pone parte del azúcar para que no se haga aceite y se sigue
hasta que todo quede picado y pasado por un cedazo,
despues se ponen yemas de huevo dentro del almirez
con un poco de canela y todo lo demás, se hace una
pasta dura y se machaca un poco para que tome cuerpo y se saca para hacer los panecillos iguales á los es-
pecificados anteriormente.

MOLLETICOS Á LA ESPAÑOLA.

Se toman dos libras de harina de arroz, se hace
un círculo encima de una mesa, se pone en medio
cuatro onzas de manteca, nueve de azúcar blanco pasado por un cedazo, tres huevos, un par de yemas con
algunas gotas de esencia de limon; se amasa todo has-

ta que quede de un temple regular, dispuesta de esta conformidad se hacen unas tiras que se ván cortando iguales al grueso de una nuez, se les dá la forma de una lanzadera, se meten sobre planchas untadas, y antes de meterlas al horno se cortan por el medio con la hoja de una navaja, se untan con huevo y se cuecen en el horno de segundo grado.

TORTA REAL ANDALUZA.

Se pone encima de una mesa una libra de azúcar tamizada, en medio de ella cuatro onzas de manteca, cuatro yemas de huevo, un polvo de canela de Holanda y la raspadura de un limon, se mezcla, se amasa con la mano derecha, se le incorpora harina hasta formar una masa dura; en seguida se pone entre dos papeles, se aplana del grueso de un duro con el rodillo se coloca encima de una plancha, se corta la pasta sobrante para que quede redonda; luego se vuelve á aplanar para hacerle un borde al rededor de media pulgada de ancho por seis líneas de alto, se ponen en el centro y la circunferencia almendras tostadas; para que estas no se peguen se suelen untar de nuevo antes de ponerlas y se cuece la torta en el horno suave.

TAMARINDOS CUBANOS EN ALMÍBAR.

Pónganse á cocer en el horno los tamarindos, se sacan despues, se pelan, se les quita la semilla, se echan los tamarindos en almíbar á medio punto bien clarificado, se dejan cocer hasta que esté en su punto, y despues se aparta para que se enfrie.

MACRARONES SOPLADOS.

Se pelan y se cortan en pedácitos libra y media
de avellanas y se secan al horno; se pone en una tor-
terá media libra de buen azúcar en polvo y una clára
de huevo; se bate bien todo como si fuese para hacer
una garapiña real y se añaden luego álmendras: echa
esta operacion y todo bien mezclado se mojan las pal-
mas de las manos en agua fresca, se toma del apresto
la cantidad igual del tamaño de una nuez, se le dá
con la mano una forma esférica ó de bola, se pone sobre hojas de papel y en estas torteras para cocerlas al
horno con fuego muy lento.

MACARRONES DE DULCE.

Se monda una libra de almendras dulces, se majan y se les añade una poca de clara de huevo á medida que se vayan majando; cuando tenga la consistencia de la pasta se le ponen tres libras de azúcar en
polvo y la rayadura de un limon; mézclese bien con
una espátula de madera y estiéndanse los macarrones
que deberán ser del grueso de una nuez sobre hojas
de papel, mójese el hueco de la mano, pásese ligeramente sobre los macarrones; cuézanse al horno á fuego lento y evítese en lo posible abrirlo durante la co-
chura.

MACARRONES DE CREMA.

Pélese una libra de almendras dulces, pónganse
á secar á la boca del horno, májense cuando estén frias

con una poca de clara de huevo para impedir que se pongan en licuacionc; cuando estén bien majadas pónganse en una tortera con una libra de azúcar en polvo y una cucharada flor de naranja, mézclese todo bien y añádansele seis claras de huevo. Cuando este apresto esté bien mezclado pónganse los macarrones del grueso de una avellana sobre hojas de papel y cuézanse al horno á fuego lento.

TURRON CUBANO.

Pónganse al fuego y clarifíquense cinco libras de azúcar y dos de miel; cuanto esté en punto de cáramelo se aparta del fuego y se deja reposar; añádanse diez y seis yemas de huevo, póngase al fuego templado y bátase de contíuuo: despues de cocidas las yemas se apartan y se echan las diez y seis claras; se le deja tomar punto en este estado, se le echa un poco de ajonjolí, almendras tostadas, nueces peladas y tostadas y canela.

HELADO DE CREMA DE PISTACHOS

Se hace hervir media azumbre poco mas ó menos de crema, móndese media libra de pistachos, lávense, escúrranse y májense tan finos como se pueda; añádase de cuando en cuando una poca de agua y la raspadura de un limon. Se ponen en una cazuela diez y ocho yemas de huevo, las cuales se desleirán con los pistachos, la crema y media libra de azúcar en polvo; póngase la cazuela al fuego, menudéese el apresto hasta el momento de la ebullicion, déjese enfriar y añádaselo un poco de verde de espinacas.

HELADO DE CREMA CON FLOR DE NARANJA.

Se maja un puñado de flor de naranja garapiñada, pónganse tres cuarterones de azúcar en la crema
y en lo demas se sigue el mismo método que mas arriba se esplica.

CREMA DE TÉ.

Hágase hervir por algunos minutos en un azumbre de leche dos puñaditos de té verde y aun se pueden echar cuatro y ocho, segun su bondad y fuerza,
despues de lo cual se opera como se ha dicho para la
crema de café.

CREMA DE VINO.

Despues de haber batido ocho yemas de huevo y
en suficiente cantidad de azúcar en polvo se añadirá
poco á poco y siempre meneando una botella de vino
de Valdepeñas ó Málaga, segun agrade, azucarado y
aromático, y se cuece, meneándolo hasta que la crema
esté perfectamente unida.

TORTA DE CALABAZA.

Se deshace cierta cantidad de calabaza en una cazuela
con un poco de manteca, y se pasa por el tamiz de cerdas;

cuando esté reducida á mermelada bien espesa, colóquese en un tazon con un cuarteron de azúcar en polvo, tres huevos enteros y tres yemas y la raspadura de un limon; todo bien mezclado se preparará un molde como para la anterior y se cocerá de la misma manera.

SOPA DE LECHE AZUCARADA.

Hágase hervir la leche que se juzgue necesaria á un fuego leneo y añadásele sal ó azúcar para su sazon, derramándose hirviendo en el pan preparado de antemano, al momento de servir con un batido de yemas. La leche, considerada como una sustancia nutritiva, es uno de los medios que generalmente se emplean para los niños recien nacidos. Se toma á todas horas del dia, ya sea pura ya con otra sustancia liquida agradable al paladar y aun hay individuos que no viven sino de leche sola. Este es un fluido de un blanco claro que tira un poco al amarillo, ligeramente dulce y que se origina de una elaboracion particular operada en las mamas de todos los animales que la suministran. No debemos hablar aqui sino de la vaca, aunque la de cabra, burra y oveja, sea tambien de un uso bastante general. En todas ellas se distinguen tres sustancias diferentes absolutamente unas de otras, que se llaman manteca, queso y suero: la primera se consigue con el reposo; la segunda añadiendo cualquiera sustancia ácida, como el vinagre, el limon; el cuajo es el resaltado de la separacion que se opera en la descomposicion de las tres sustancias reunidas, cuando la leche, despues de haber reposado entra en nuevas modificaciones, y con esta última se hacen los quesos de todos gustos y especies. No deben mos estendernos aquí á mas por lo que resulta al empleo de la leche de cocina, pues bastan estos pormenores.

TORTILLA SOPLADA.

Se toma una docena de huevos frescos, se separan las yemas y se meten dentro de una vasija y las claras dentro de otra proporcionada para poderlas batir, blanca como la nieve; en la de las yemas se añadirán tres onzas de azúcar blanca pasadas por tamiz, se baten con una espátula miéntras se suben las claras, hasta que estén cuajadas; se incorporan meneando con la espátula las yemas batidas con el azúcar; si se quiere se pueden añadir pedacitos de dulce seco y echarlo dentro de una fuente metiéndolo en seguida en el horno templado para que se hinche y tome un hermoso color dorado. Despues se saca del horno y se sirve en la misma fuente.

JARABE DE ORCHATA.

Se toma una libra de almendras, se pelán y se machacan dentro de un almirez; se picau muy finas ó mejor es molerlas en la piedra de hacer chocolate: se disuelven con un porron de agua, se echan dentro de una toalla, se dejan escurrir suspendiéndolas con las manos y se ponen en prensa para obtener todo el líquido sustancioso que contienen las almendras. Hay algunos que en lugar de la piedra tienen un molino que suele pasar toda la almendra perfectamente disuelta con el agua que se vá añadiendo poco á poco, pudiendo poner un vaso de agua para sacar mas sustancia; se raya despues que se ha hecho esta operacion, una corteza de limon y se le pone un poco de canela machacada: en seguida se dá punto á seis libras de azúcar clarificado: el punto es cuando forma la bola; entónces se le echa la leche de almendras, se deja empezar á hervir, se quita del fuego y se pasa por un tamiz dejándolo enfriar un rato ántes de ponerlo en botellas; siendo frio se tapa y se hace uso para refrescos.

una corteza de limon y se le pone un poco de canela machacada: en seguida se dá punto á seis libras de azúcar clarificado: el punto es cuando forma la bola; entonces se le echa la leche de almendras, se deja empezar á hervir, se quita del fuego y se pasa p or un tamiz dejándolo enfriar un rato antes de ponerlo en botellas: siendo frio se tapa y se hace uso para refrescos.

JARABE DE NARANJA.

Esta clase de jarabe se considera, aunque tónico, algo refrescante; se raspan dos naranjas dentro de un lebrillo y despues se le esprime el zumo de cuatro naranjas; al cabo de una hora se filtra y se dá punto de perla á seis libras de azúcar, añadiéndole este líquido; se deja formar la espuma espumándola inmediatamente, se saca y se prueba antes de ponerlos en botellas si tiene los correspondientes grados.

JARABE DE MENTA.

Se hace una infusion de yerba-buena seis onzas, se unen contra ocho granos hisopo un cuarto de onza, so pone en infusion con un porron de agua hirviendo y se hace lo mismo que el anterior. Es anti-vermífugo.

JARABE DE GRANADAS

Se esprimen dos libras de granos de granadas ágrias, se pasa el zumo por una manga y despues se hacen cocer ocho libras de azúcar clarificado en el punto ordinario se le echa el líquido y volviendo á empezar el hervor se quita, se espuma y se pone en las botellas para usarlo como refrescante. Es propio para las indisposiciones de garganta.

JARABE DE HIGOS CHUMBOS.

Es escelente para las irritaciones de pecho. Se toma una porcion de higos muy maduros; se hacen pedazos y se ponen dentro de un caldero, como unas tres docenas; se añaden seis libras de azúcar clarificado que tenga 26 grados se deja hervir un rato y despues se cuela por un lienzo, se vuelve al fuego, se espuma bien y se prueba; se tiene los 32 grados se quita y se pone en botellas.

GRAJEA MENUDA.

Se toma azúcar de pilon, se machaca para pasarla por un tamiz algo espeso y despues con otro tamiz muy espeso, semejante al de la canela se vuelve á pasar para quitarle el polvo y el que no pase, sirve para hacer los confites, procidiendo del mismo modo que el siguiente, con la diferencia de que las capas deben ser muy delgadas y no se engruesan. Se principia por el blanqueo, lo mismo que en los de otras clases tales como los clavos de especia, canelines, judías habas, fresas y todos los de pastillage.

GRAJEA O SEA ANISES.

La celdera no debe estar colgada únicamente, se coloca dentro de un medio tonel que esté arreglado y dispuesto para contener un brasero debajo de la caldera, y cuando las semillas puestas dentro esté calientes se puede empezar á darles capas de azúcar á punto de anis alto, y al instante de haber dado una se esparcen con las dos manos meneando de una y otra parte hasta que esten secas, repitiéndolo hasta concluir; es decir que tengan la mitad de las capas para despues de engrosadas dejarlas secar para blanquearlas y lisarlas.

MERENGUES DE ALMENDRAS.

Se tomarán doce claras de huevos y cinco onzas de azúcar en polvo, batiéndolo mucho, puesto á un fuego lento para que se evapore; pónganse despues ocho onzas de almendras muy machacadas, con loque se haran los merengues despues de estar bien mezclado, dejandoles un vacío para llenarlo de confituras ó de crema, despues de sacarlos del horno estando ya levantados cubriéndolos con la otra mitad.

FLORES DE NARANJA TOSTADAS.

Se cuecen ligeramente once onzas de azúcar, se mezclan cuatro flores de naranja limpias, y se menean fuertemente: cuando las flores han adquirido un buen color se les echa por encima el zumo de un limon y se ponen á tostar,

BOLLOS DE FLOR DE NARANJA.

Se baten tres libras de azúcar en polvo con dos claras de huevo, añadiendo poco á poco una onza de agua flor de naranja y un poco de carmin en polvo; de todo esto se hace una pasta consistente y bastante firme, que se hará rodar sóbre una hoja de papel para cortarla en trozos, de los que se harán bolitas como avellanas; estas se ponen en hojas de papel á seis líneas de distancia, para evitar que se toquen y así se llevan al horno hasta que se levanten un poco,

PASTA DE ALMENDRAS.

Se toma una onza de almendras dulces con un poco de claras de huevo y agua flor de naranja; se colocan á un fuego temp ado y se van mezclando poco á poco dos onzas de azúcar en polvo, meneándolo continuamente hasta que todo se haya incorporado bien; se corta con un cuchillo y se hace de la figura que se quiera.

TORTA DE MAIZ CUBANO.

Se toma maiz seco que se haya ablandado bien con agua y ceniza; se pela y se machaca hasta que forme una pasta; se le agrega azúcar, manteca, anis y un poco de leche; se amasa y se pone en una tartera á cocer.

BUDIN DE SANTO DOMINGO.

Tómese la carne solamente del mamey, se amasa con panetelas, huevos, leche, sal, azúcar y canela; así que la masa esté hecha se pone en la pudinera que estará untada de manteca y se pone á cocer polvoreándolo al sacarlo con canela molida y azúcar.

COCO CON PANETELA Á LO TIERRA-ADENTRO.

. Ráyese el coco despues de quitada la película ó pellejo, echese en almibar y póngase al fuego dándosele punto; despues se le agrega panetela humedecida en vino seco, en igual cantidad que el coco; todo esto se revuelve con huevos batidos, dejándole al fuego y echándole canela al presentarlo á la mesa.

ROSQUILLAS DE ALMENDRAS.

Despues de haber hecho un hueco en el centro de un cuarteron de harina amontonada, póngasele dentro tres onzas de azúcar en polvo, dos de almendras mondadas y majadas, media de levadura de cerveza, una yema de huevo, una onza de manteca, medio vaso de leche y un poco de sal. Hecho esto se remoja del todo bien mezclado, y se amasa del mismo modo que las empanadas, poniéndolo en seguida cerca del fuego; despues de haber aumentado algun tanto, compóngase como se ha esplicado para hacer la pasta para empanadas; tómense pequeñas porciones á las cuales se dará una forma cilindrica á manera de salchichas enroscadas échense despues en agua casi hirviendo y ajítese el agua para que no se peguen al caldero; todas las que vayan saliendo á la superficie, sáquense y pónganse en agua fresca hasta que estén del todo frias; escúrranse en un caldero en el cual se les vertirá clara de huevo batida, despues de haber estendido ligeramente cera virgen sobre planchas de reposteria y váyanse colocando encima las rosquillas para cocerlas al horno con fuego lento.

BUDIN DE GUAYABA.

Por el mismo proceder que el de Santo Domingo.

AZUCAR BLANQUEADA.

Se toman diez ó doce libras de azúcar, se ponen dentro de un caldero y se hacen hervir con velocidad: llegado el punto de empezar á romper, se quita del fuego y se le echa una onza de azúcar blanca pulverizada, un grano de ácido tartárico del grueso de una avellana y una cucharada de ácido acéitico ó bien media de ácido cítrico; se bate con mucha fuerza y velocidad y cuando está coagulada se tapa con papeles y prensa con las manos; en estando frio se vuelve la caldera para dividir los pedazos.

FLAN.

Se ponen dentro una cazuela nueve onzas de azúcar un porron de leche, nueve yemas de huevo, un huevo entero, una corteza de limon y canela. Se pone al fuego, se menea con la espátula y al cabo de un rato, cuando está ya muy caliente, se repasa por un tamiz; luego se toma el molde de hoja de lata, se le pone una miaja de azúcar en el fondo, se acerca al fuego, para hacerlo disolver, cuando se ha disuelto se deja enfriar y se le pone el líquido que se acaba de pasar. Se tendrá cuidado de que el molde no esté muy lleno para que el agua del baño de Maria pueda llegar á la misma distancia; en seguida se pone una cazuela de agua en el fuego y cuando esté ya caliente se le pone el molde con una tapa de hoja de lata que contenga una miaja de fuego encima; dicha tapa ha de estar un poco levantada para que no tape bien; de lo contrario la poca humedad que despide el flan no podia evaporarse y seria perjudicial. Al cabo de un buen rato que el agua está hirviendo, se quita la tapa del molde; y si un palito que se introduce en el flan, sale limpio, es prueba de que está cocido: entónces se quitará del agua y cuando esté frio se vuelve para sacarlo del molde.

REQUESONES.

Para una libra de almendras corresponden nueve onzas de azúcar; la almendra se pela se machaca y despues se muele; en seguida se disuelve con un porron de agua y se prensa envuelta en un lienzo para obtener toda la sustancia de la almendra: luego se pone el azúcar dentro de un caldero muy limpio, con la leche y cuatro onzas de almidon disueltas con la misma leche de almendras, se pone al fuego y se menea lo mismo que para la crema; cuando está está espesa se echa dentro las escudillas y estando fria se saca. Se le puede dar gusto con un poco de esencia de limon.

ESPONJADAS.

Se necesita un molde de madera, largo, que tiene una cuerdecita que pasada en los agujeros del molde en la parte de arriba, se divide el lugar en que han de estar colocados los papeles que hacen el encaje de los esponjados. Despues de arreglados dichos papeles se ponen en un cazo con mango dos libras poco mas ó menos de azúcar clarificada; miéntras hierve se hace un sorbete compuesto de azúcar pulverizada, bien blanca con una clara de huevo, es decir, una glasa como la que se hace para decorar. Cuando el azúcar tome punto se le echan de cuatro á ocho gotas de zumo de limon, se menea con la espátula y cuando empieza á romper se quita del fuego y se le pone un poco de glasa del grueso de media nuez se menea con velocidad con la espátula y la segunda vez que empieza á hervir se echa dentro los moldes, cuya operacion necesita práctica y velocidad; luego se enfrian y se quitan de los papeles. Para hacer otros de la misma manera se vuelve á poner la misma cantidad de azúcar y se arreglan otra vez los referidos papeles.

OTRA CLASE DE ESPONJADOS.

Dentro dé una escudilla se pondrá una clara de

huevo y se le mezclará azúcar pasada por el tamiz ó mas bien trozos de bolados machacados, siendo de una consistencia algo espesa; se sigue batiendo con una cuchara de madera hasta que llegue al último grado de blanco, en el cual se añadirán algunas gotas de azul para que sean mas hermosos. Despues se pondran dentro de un cazo con mango dos libras de azúcar clarificado, se hace hervir con velocidad, teniendo cuidado de que las orillas del cazo esten muy limpias, para cuyo efecto conviene pasarle una esponja humeda por causa de que las miajas de azúcar que se arenarian en dicho cazo harian producir un mal resultado. Cuando el azúcar llegue al punto de caramelo, se le echará cosa de un adarme de cremor tártaro en polvo; se meneará con la espátula y llegado el momento de empezar á hervir, se quita del fuego, se le añade una media cucharadita del sorbete especificado; en seguida se bate sin cesar con la espátula hasta que la mezcla vaya subiendo, en cuyo estado vuelve á bajar, y cuando suba otra vez, se derrama sobre papeles blancos que de antemano se tienen arreglados encima de una manta ó cubierta, la cual será plegada en una mesa; volcados, se aserran con una especie de sierrita de hoja de lata; en seguida se cortan y pueden servirse en pocos minutos. Si despues de hechos se notare que se agachan, es señal de que el azúcar es demasiado seco, y en este caso conviene añadirle algunas gotas de zumo de limon. si al contrario formacen en la superficie una capa dura y muy recia, entonces convendrá rebaiar los ácidos.

BUDIN DE YUCA CRIOLLA.

Tómese yuca que despues de lavada y pelada, se cocerá al vapor ó se asará al rescoldo; se machacará en un mortero poniéndola á cocer en seguida con leche, cuatro cucharadas de mantequilla, rayadura de nuez moscada, un poco de canela molida y dos ó tres clavos de especia con yerba-buena en poca cantidad, seis ú ocho gotas de limon; se amalgama bien todo hasta que quede espeso y despues se retira para agregarle media docena de huevos batidos con dos cucharaditas de agua de azahar ó de tilo y panetela mojada en vino de Jerez; se mezcla todo esto bien con unas pasas partidas en pedacitos y se echa esta masa en la pudinera untada ántes con mantequilla, se pone á cocer en el horno ó entre dos fuegos y despues que haya formado cuerpo se polvorea con azúcar y canela.

PASTA FROTADA.

Despues de haber puesto un celemin de harina sobre la amasadera, hágasele en el centro un hoyo en el que se pondrán tres cuarterones de azúcar en polvo, media libra de manteca, la raspadura de un limon, un poco de sal, cuatro yemas y cuatro huevos; mézclese bien el todo para hacer de él una pasta que se deberá frisar dos ó tres veces; aplánese para cortarlas en tiras de modo, que se puedan rodar, del grueso del dedo meñique, luego se cortarán las tiras del largo de un dedo, se les dará la forma de una herradura, se partirán en uno de los dos estremos, se cincelarán de un lado y dorarán poniéndose en planchas untadas de manteca, haciéndose cocer á fuego vivo.

PASTA CON QUESO.

Hágase una pasta como se esplica en la anterior

receta; añádasele un puñado de queso de Gruyere y Parmesano rayado, un buen polvo de pimienta quebrantada, dos onzas de azúcar en polvo; amásese bien esta pasta, úntese de manteca algunas planchas de repostería y colóquense encima los pastelillos; dórense, póngase á cocer al horno con bastante fuego y sírvanse en seguida.

CREMA DE AVELLANAS.

Como la de almendras dulces.

CREMA DE PIÑA.

Pónganse al fuego en una cacerola quince ó diez y seis huevos batidos, una cucharada de canela con tres ó cuatro de harina y unas hebritas de azafran, clarifíquese en seguida con una clara de huevo, el zumo de tres piñas grandes, que estén ya maduras y cinco escudillas de azúcar blanco, formando un almíbar á medio punto, en la cual se echarán los huevos y demás ingredientes que anteceden, ántes de ponerlos al fuego, se revuelve bien con una cuchara de palo y se deja cocer, pasándole por encima brasas sobre una tapadera para que se tueste. Una hora suele bastar para que esté en su punto con un fuego que no sea muy fuerte.

BUDIN DE MALANGA.

De la misma manera que el de yuca, con la diferencia de salcochar las malangas con agua y sal.

BUDIN DE PAPAS.

Igual en un todo al anterior.

ALBONDIGA COLONIAL.

Tómese un par de bollos de casabe, como una onza de canela y euatro de almendras límpias y peladas cou otras tantas avellanas tostadas se muele con doce yemas de huevos duros y se amasa con clavo especia, pimienta molida y agua de azahar; se tiene una tabla preparada y untada con harina y azúcar en polvo; se ván poniendo en ella las albóndigas que se ván haciendo, se frieu con manteca, despues de estar rebozadas con huevos se echau en el almíbar á medio punto y compuesto de agua de azahar, pasas y pedazos de cidra confitada con almendras tostadas y ajonjolí, apartándolas del fuego al cabo de un rato y sirviéndalas con vino.

PASTILLAS DE FLOR DE NARANJA.

Se escoje buen azúcar blanco y despues de haberla pulverizado y pasado por un tamiz de cerdas, se separará la parte mas fina por medio de otro de seda, porque esta parte demasiado fina, hace la pastilla compacta y le quita el brillo. Se majan en un mortero de mármol tres ó cuatro libras de azúcar superfina blanco, separada la parte mas fina como se ha dicho para otras composiciones: se deslíe luego el azúcar que ha quedado sobre el tamiz, en una vasija de loza límpia con doblada cantidad de agua de flor de naranja, con una espátula pequeña, mientras se derrama suavemente y por intérvalos el agua hasta que la pasta se condense. Si se ha echado demasiado agua y estuviese líquida, se espesa con un poco de azúcar en polvo, que debe tenerse de reserva: se conoce que está en su punto, cuando cojiendo una porción con la espátula é inclinándola, se desprende por sí misma. Entónces se ponen cuatro onzas de esta pasta en un cazo de pico prolongado que se acomode en un hornillo encendido se calentará la pasta hasta que se liquide, meneándola con un palito plano en forma de espátula. Cuando la pasta vaya á hervir se retira el cazo meneándolo dos ó tres veces, se derramará sobre planchas de hoja de lata, del modo siguiente: Se sostiene el cazo con la mano izquierda é inclinando suavemente su pico, se hará correr la pasta que se acerque al borde, por medio de una aguja de hacer calcetas unida á un cabito de madera, por el que se la tiene con la mano derecha, dirijiendo alternativamente el cazo y la aguja, de manera que caiga la pasta sobre las planchas en figura de botoncillos del tamaño de medio duro, poco mas ó menos; á lo que se dá el nombre de pastillas. Se debe procurar alinearlas al correrlas y que todas tengan la misma cantidad de pasta, lo que se conseguirá teniendo firme la mano izquierda. Pasada una hora se quitan de sobre las planchas y se ponen sobre papeles en la estufa, donde deberán estar un dia, porque mas tiempo les disminuiría el perfume.

PASTITLAS DE CAFÉ.

Despues de haber preparado tres libras de azúcar, del modo que se acaba de decir, se darán unos cuantos hervores á tres onzas de buen café en polvo, en un cuartillo de agua. Se cuela el cocimiento por una manga en la que se pondrán un pedacito de cola de pescado para hacer caer la cáscara: cuando el licor esté frio y claro, se mezcla con el azúcar para formar las pastillas. Se ha de observar el no poner á la vez sobre el cazo si no lo que pueda conservarse caliente mientras se corre, por que si se enfriase perjudicaría á la operacion.

PASTILLAS FRIAS DE LICOR.

Estas pastillas son esquisitas y apreciadas. Es necesario elegir la goma arábiga mas trasparente y el azúcar mas refino. Se sirven empapeladas en los postres.

MANZANAS Á LA ALEMANA.

Se toman manzanas de buena clase, se pelan y se cortan de modo que mas agrade y se ponen en el agua á medida que se vayan cortando para que no se ennegrezcan. Se cubren de manteca primero y en seguida de harina remojada con agua; se añade azúcar, se hecen cocer y se ligan con yemas de huevo, sirviéndose caliente,

PERAS Á LA ALEMANA.

Por el mismo órden que las anteriores.

MANZANAS CON ARROZ Á LA INGLESA.

Hágause embeber cuatro onzas de arroz en un jarro de leche, en el que haya azúcar y un poco de corteza de limon; añádasele leche á medida que se vaya menguando, se mondan las manzanas y se les quita el corazon con el vacia manzanas, se ponen á remojar en un jarabe de agua y azúcar con un poco de zumo de limon, cuando un tenedor penetre en ellas con facilidad, se sacan del agua y se enjugan; hágase con el mismo jarabe reducido una mermelada con cuatro manzanas, cuande esta mermelada esté hecha, mézclese con el arroz en el que se pondrán tres yemas de huevos, estiéndase esta sustancia sobre una tortera, pónganse en ella las manzanas de modo que no se vea mas que la parte superior y hágaseles tomar color á fuego lento dentro del horno de campaña.

FARRO.

Esta es una sopa muy refrescante. Tómese una poca de cebada bien límpia y lavada tres veces con agua tíbia; hágase cocer con caldo magro ó gordo cuando se abra, macháquese con algunas almendras dulces mondadas en agua hirviendo para quitar y blanquear el farro; pásese esta sustancia por una servilleta, vuélvase á poner en una cazuela, póngase la cantidad que se quiera de caldo, añádase azúcar, hágase hervir muy poco y sírvase como sopa. Puede ponerse leche de almendras en lugar de caldo y entonces es sopa de vigilia.

SOPLADO DE ARROZ.

Se hace remojar media libra de arroz, se mezcla con nata, azúcar y un poco de sal, hágase cocer, y cuando lo esté, pásese por un tamiz, póngase esta sustancia en una cacerola con seis yemas de huevo, un poco flor de naranja, corteza de limon en corta cantidad y añádanse las claras de los huevos batidas con nieve. Se hacen calentar al horno, póngase manteca en los lados y fondo de una tortera y al rededor pedazos de papel mantecoso para sostener el soplado cuando sube, póngase en ella la pasta y métase en el horno por un cuarto de hora con un calor moderado y sírvase al instante.

SOPLADO DE PAPAS.

Como el anterior; cuatro onzas de fécula, tres de nata y seis huevos.

BUÑUELOS DE GARBANZOS.

Se hacen lo mismo que los de papas.

HUEVOS CON AZUCAR Á LA PURITANA.

Tómense cuatro yemas de huevo que se echarán en una taza ó jarro bien batidos con azúcar y canela; échesele agua hervida con anís y azúcar, menéese segun se vaya echando y tómese en seguida.

TORTILLA HABANERA.

Fríanse en una sarten ajos, ajíes, cebollas y perejil con un poco de orégano; así que se haya frito se tienen ya batidos los huevos con harina y se irán echando poco á poco; se dejan freir hasta que estén en sazon, dénsele vuelta con un plato, déjese tostar por el otro lado y puede servirse en seguida.

PAN PERDIDO.

Se hace hervir un cuartillo de leche y se reduce á la mitad con un poco de azúcar; un polvito de sal, media cucharada de agua de azahar y un poquito de limon verde desmenuzado. Ténganse preparadas algunas migas de pan cortadas del tamaño de un peso, pónganse en leche para hacerlas empapar durante un momento; cuando se hayan embebido bien pónganse á escurrir, cúbranse de huevo batido, háganse freir y cúbranse de azúcar.

GARAPIÑA Á LA CUBANA.

Esta garapiña se hace echando las cáscaras de la piña madura en una vasija con agua, se pone al sol y al sereno por espacio de ocho ó diez dias hasta que fermente bien; despues se pasa por un colador y se guarda tapada en botellas. Cuando uno quiera refrescar se pone un poco en un vaso con agua y azúcar segun la cantidad que se quiera y es un escelente refresco.

AGUA LOJA Á LA CUBANA.

Se toman dos libras de azúcar, diez clavos de especia, otros tantos granos de pimienta y cucharada y media de canela molida con una hoja de yerba-buena. Hágase una almíbar con todo esto á medio punto, cuélese despues y désele punto de jarabe: embotéllese en seguida y sirvase de él cuando se quiera mezclado con agua.

COLES HABANERAS SOPLADAS.

Póngase en una cazuela al fuego la octava parte de un azumbre de leche y dos onzas de manteca; al primer hervor añádase harina de arroz en cantidad suficiente para hacer un cocido bien espeso y cuidese cocerlo con una cuchara de madera á fin de que la harina no se pegue; retírese la cazuela del fuego y añádase al compuesto una poca de sal, una onza de manteca, dos huevos, dos onzas de azúcar en polvo, la esencia que se quiera poner para darle gusto, menéese bien el todo, añádasele además dos yemas de huevo, bátanse dos claras, échense en el compuesto con dos cucharadas de crema batida; hecha bien la mezcla se llenarán con ella pequeñas cajitas de papel· cuadradas ó redondas; salpíquense por encima con azúcar quebrado y háganse cocer en el horno calentado como para los bizcochos. Es bocado muy delicado.

COMPOTA DE CASTAÑAS.

Tómense castañas y quíteseles la cáscara; pónganse en un cazo con agua rebanadas de limon y un puñado de salvado; háganse aperdigar sin que sin embargo el fuego sea demasiado vivo: cuando al introducirles un alfiler no se encuentre resistencia, sáquense del agua para pelarlas y ponerlas en agua fria, donde se esprimirá el jugo de un limon; escúrranse y pónganse luego á cocer en el cazo con suficiente cantidad de azúcar cocida refinada y una poca de agua de flor de naranja; dórense en la compotera, redúzcase el azúcar y cuando esté frio, viértase sobre las castañas,

ROSQUETES DE CUBA.

Póngase en un jarro la cantidad de aceite necesaria, pero que esté frito, y échense en ella catorce huevos y una libra de azúcar, medio vaso de vino seco y malanga; revuélvase todo bien, agrégesele despues de batido harina poco á poco hasta que esté hecha una masa, á la que se hecha un poco de anís; se dora despues con huevo y se mete en el horno.

SAPOTES EN ALMIBAR.

Se toman los sapotes que estén bien maduros se les quita la semilla y se ponen en el almíbar clarificado, poniéndolos al fuego hasta que tomen punto.

PIÑA EN ALMIBAR.

Tómense piñas que no estén muy maduras y pónganse á salcochar; échense despues en almibar clarificado quitándoles el corazon y la cáscera; pónganse á hervir juntamente con tres ó cuatro libras de boñiato y menéese continuamente hasta que tome punto de caramelo, echándolo en seguida en unas cajitas.

MOLLETES CUBANO.

Póngase al fuego á que hierva un rato rayadura de coco, media libra de almendras mondadas y machacadas y una escudilla de nata con un poco de canela molida; todo esto en almibar clarificado: despues de haber empezado á hervir, se aparta y se deja enfriar echándole una docena de yemas de huevo batidas; vuélvase á poner á que hierva meneándolo continuamente hasta que se vaya espesando; se muelen despues bizcochos y se le echan por encima con una capa de mantequilla que se le pondrá, cubriéndolo despues con una tapa con fuego por encima hasta que se vaya tostando con el calor.

LIMONADA PARA VIAJES.

Se toma la corteza de un limon, se pone en un tazon con tres ó cuatro limones, y cuando el zumo ha tomado el aroma de la corteza, se pasa el todo por un lienzo fino y en lo demas se observa el método de las pastillas de café.

PASTILLAS DE CAFÉ.

Se pone en un tazon una libra de café molido, una poca de cola de pescado en hoja, se echa en el tazon con una cantidad proporcionada de agua hirviendo y deslíese el todo bien con una espátula; luego tápese herméticamente bien el tazon y póngase en la estufa hasta el dia siguiete; entonces se pasa la infusion á una tortera añadiéndole buen azúcar en polvo hasta que se haya formado una pasta muy espesa, Póngase esta pasta en porciones dentro de un cazo de pico, y coloquese en el fuego, meneando siempre la composicion; cuando la espátula esté bien caliente se cuela en pequeños moldes de hoja de lata redondos ó cuadrados, que puedan contener una onza. Cuando las pastillas se hayan enfriado se retiran y se ponen en tamices para colocarlas algunas horas en la estufa; luego se irán estendiendo unas sobre otras dentro de una caja, separandolas con papel blanico. Cuando se quiera hacer uso de ellas, se les vierte agua caliente y en un minuto se tiene café hecho de primera calidad. Tambien se puede hacer con leche echándola sobre la pastilla de café.

TORTA DE LECHE CRIOLLA.

Se tomarán papas cocidas al vapor ó ñame y se machacarán para hacerse polvo ó harina muy menuda, se pasan por un tamiz y despues se mezclan con leche buena; se cuecen hasta que queden algo espesas y se les echa alguna esencia para darles mejor sabor; se adorna la torta con almendras ó confites y se dora con claras de huevo; se pone en el horno cuando no esté muy caliente y se retira sin que esté mucho tiempo en él.

PASTELILLOS DE GUAYABA.

Se toman guayabas de las llamadas cotorreras que son para esto las mejores: se pelan bien y se ponen á cocer con tres onzas de manteca, media libra de azúcar y agua, añadiéndole un par de cucharadas de la de azahar; déjese hervir hasta que se convierta en pasta y despues pásese por un jibe; póngase esto encima de la masa que estará ya preparada en un plato con azúcar en polvo; quitense algunos pedacitos ó tiras de la pasta para adornar los pastelillos; se cierra la masa y se pone al horno despues de haberla bañado con huevo.

TORTILLA DE AMOR.

Se rompen diez huevos en un plato grande; se añade un poco de sal, flor de naranja y limon confitado, todo bien picado y bien menudo y se hace en seguida la tortilla del modo ordinario y al tiempo de servirla se le pone encima un poco de azúcar en polvo.

TORTILLA CUBIERTA.

Se preparan dos empanadas iguales y se coloca sobre una plancha untada con manteca; se pondrá á la orilla de esta empanada una tirita de pasta del tamaño del dedo meñique y guarnézcase el fondo con una crema de pastel; mójense las estremidades, cúbranse con la segunda empanada y se cuece esta torta como las demás.

TORTA AMERICANA.

Se mondará y majará una libra de almendras dulces, entre las que habrá algunas amargas; mójense con un poco de crema mientras se vayan majando y al punto que lo estén, se les añadirá media libra de azúcar en polvo, media de manteca fresca, un poco de agua flor de naranja y una yema de huevo; hágase una empanada circular y póngase sobre otra untada de manteca, se echa encima la almendra en pasta de modo que quede un pequeño espacio en la orilla que se mojará; con otra empanada se cubrirá la anterior y con la punta de un cuchillo se cincelará toda la orilla de la torta y tambien la punta superior; se cuece á fuego lento y se saca del horno salpicándose con azúcar en polvo.

PASTELILLOS DE MAMEY.

El mismo método que en los de guayaba.

PASTELILLOS DE CANISTEL.

Como los anteriores.

DULCE DE CASABE.

Tómese una libra de azúcar y otra de almidon; hagase una masa de esto mezclado con huevos, anis, vino seco y manteca, háganse con ella piloncitos ó la figura que mas agrade y póngase á cocer en una tortera.

PANETELA.

Se mezcla harina de trigo con agua, azúcar y huevo y se revuelve bien para que se deslie la harina; se le pone manteca y se vuelve á menear, despues de estar bien batido se echa en el molde cubierto con papel para pasarlo al horno y dejar que se cueza.

SOPA IMPERIAL.

Tómese la cantidad de leche de almendras que se considere necesaria, para hacer, la fuente ó el plato que se quiera obtener. Dentro de dicha fuente se arreglan pedazos de bizcochos cortados por el estilo de los de canela; se meten dentro la fuente colocados de modo que cubran todo el tamaño del plato. De esta manera se pone la referida leche de almendras esplicada mas adelante, dentro una cazuela con un pedacito de canela y la corteza de un limon, juntamente con tres onzas de azúcar por cada porron de leche. Se pone al fuego y cuando empieza á hervir se retira y se echa encima de los bizcochos, pudiendo servirse en seguida. Se hacen tambien con tajadas de biscochos de la Reina hechos con la pasta de los bollos; dichas tajadas se pondrán en remojo con leche de cabra ó de almendra; al cabo de algunas horas se quitarán y se pondrán encima de un cedazo y se frien con manteca fresca de tocino: se quitan para arreglarlas en el plato y se les añade la misma leche ya esplicada.

TORTA DE HUEVOS.

Se preparan las claras de media docena de huevos las cuales se mezclan bien, poniéndolas en un molde que tenga una capa de azúcar acaramelada. Como es natural que las claras se hinchen y suban, es preciso no llenar los moldes, déjándoles solo á la mitad, se ponen en seguida estos en un baño de María por medio de una tapadera y un poco de fuego encima; se hacen cocer por espacio de un cuarto de y se ponen despues en un plato, se hace hervir durante cinco minutos medio porron de leche con tres onzas de azúcar y cortezas de limon y se deja enfríar un poco. Mézclense las seis yemas de huevos con un poco de agua de azahar, no habiéndole echado el limon y se une con las claras; se mezcla todo y se vuelve al fuego hasta que tome la consistencia de un caramelo; despues que esté fria esta crèma se pone al rededor de una torta de claras de huevos, en la cual se ha hecho impregnar el caramelo que se habrá derramado en el plato.

YEMAS ACARAMELADAS.

Tómense yemas de huevos que se pondrán por un colador y por cada vaso y medio que haya de yemas, se pone dentro de un cazo un vaso de azúcar clarificado, se le dá punto volante, se quita del fuego y al cabo de algunos minutos se le mezclan las yemas, se tapa el fuego con ceniza ó bien se quita mucha parte, pues ha de ser un fuego lento; se vuelve el cazo y se vá meneando hasta que la masa no se pegue en la mano, se prueba sacándola del fuego y con una miaja de pasta en la punta de un cuchillo. Llegando á este punto se quita del fuego y se le añaden yemas del modo siguiente: Un pedazo de dicha masa se alarga del grueso de un dedo; se cortan pedacitos como balas y con las manos se redondean; luego se dá punto de romper casi de caramelo ó que falte muy poco, á dos ó tres libras de azúcar; se quita del fuego y se pone encima de ceniza caliente, procurando que no hierva: despues se le echa una yema y se saca en el acto con dos tenedores y se ván poniendo encima de la piedra aceitada; se sigue de esta manera poniendo y sacando hasta concluir; despues se quita de la piedra y se envuelven con papeles apropósito.

YEMAS CUBIERTAS.

Las yemas cubiertas se hacen del mismo modo, con la diferencia de que se dá punto volante á la azúcar, se quita del fuego y se blanquea en los bordes del cazo, se le eehan las yemas de la misma manera y se ponen encima de papel en lugar de piedra. Es mas cómodo sacarlos con un hilo de hierro que á su estremidad tenga un gancho como un anillo.

PASTEL DE ALBONDIGAS.

Tómese como libra y media de lomo de cerdo ó ternera y se cuece en caldo de puchero juntamente con un pollo, añádanse cuatro cebollas, ocho granos de pimienta, cáscara de limon, sal y un trozo de jamon; en estando ya cocido, se le quitan al pollo todos los huesos y se pica todo junto sazonándolo al mismo tiempo con sal, nuez moscada, perejil y orégano picado; el zumo de un limon, tres yemas de huevo, pimienta en polvo y harina, háganse con esto unas albondiguillas fritas en manteca: métanse despues en el pastel que estará preparado al efecto, ciérrese y póngase á cocer al horno despues de dorarlo con huevo ó bien en una vasija que tenga fuego por encima y por debajo.

NUECES EN ALMIBAR.

Se límpian y despúes se echan en agua para pelarlas; se machacan y se echan en almíbar clarificada con un poco de canela molida y zumo de limon; pásese por un tamiz el zumo de dos tunas encarnadas, revuélvase y déjese estar hasta que ·tome el punto de caramelo y sírvase despues en una fuente.

CONSERVA DE YUCA.

Se tomarán pedazos de yuca de la mejor y se pelarán bien; se hará un almíbar con azúcar clarificado á medio punto, en el que se echarán los pedazos de yuca, agregándoles un poco de canela molida y agua de azahar; hecho esto se le deja tomar punto subido y puede servirse.

CONSERVACION DEL PESCADO FRESCO.

Se le quitan las agallas y se destripa por la abertura de ellas, se le introduce azúcar moreno en cantidad suficiente para que quede bien penetrado de él y se suspende en lugar en que se renueve el aire.

DE OTRO MODO.

Se prepara con miga de pan tierno y con espíritu de vino de treinta y dos grados una pasta de mediana consistencia, de la cual se llena la boca y las agallas del pescado al salir del agua, ó sinó lo mas pronto que se pueda, se envuelve entre ortigas frescas y sobre esta otro envoltorio de paja que se humedece de tiempo en tiempo. Así se conserva algunos dias y puede trasportarse á largas distancias.

CONSERVACION DE LA LECHE.

Métase en agua fresca la vasija que la contenga, cúbrase con un paño mojado: procurando que lo esté siempre mientras que la leche permanezca en él; así se conserva perfectamente por espacio de veinte y cuatro horas aun en tiempo de calor.

OTRO MODO.

El método siguiente se puede decir que es el único para conservar la leche por mucho tiempo, se pondrá un vaso abierto y esto se coloca en otro mas grande lleno de agua que se pone al fuego. Por la evaporacion del baño María se hace mermar la leche un tercio; se deja enfriar, se quita la capa que se forma encima, se pasa por un colador y se pone en botellas que se cerrarán herméticamente y se ponen por una hora al baño de María, siguiendo en todo lo general las reglas prescritas.

La leche así conservada se halla al cabo de dos años muy buena para ser bebida sola y para los usos de la repostería y cocina y aun se puede sacar de ella buena manteca.

HUEVOS.

Se conservan frescos poniéndolos en una vasija que se llena despues de sebo carnero derretido y próximo á enfriarse, de modo que queden cubiertos. Con esta operacion pueden guardarse por dos años.

CONSERVACION GENERAL

DE LAS CARNES

Se impide la alteracion y putrefaccion de las carnes poniéndolas en remojo en suero ó cuajada.

Se impide lavando el trozo de la carne en agua hirviendo para ponerlo luego en un saquito de cisco molido. Se hace hervir así por dos horas en agua mezclada con carbon, se saca, se lava bien y despues se acaba de cocer.

Tambien se puede hacer echando la carne en la olla y cuando hierva se echa un carbon encendido que se dejará por diez minutos, se retira éste y al instante toma la carne todo su olor.

CEBOLLAS EN VINAGRE.

Se toman cebollas tiernas y blancas que se despellejan, cuidando de quitarles lo que impropiamente se llama cabeza, pues mas bien es el pié ó raiz que brota cuando se plantan: hecho esto se ponen en vinagre hasta que se llene bien la vasija; se cubren con estragon, hinojo ó pimpinela, se salan despues y se cierran herméticamente, hasta el instante mismo de servirlas.

PIMENTONCILLOS EN VINAGRE.

Lo mismo que los anteriores, eligiendo los mas pequeños y quitándoles el rabo antes.

VINAGRE DE ASEO.

Es tan útil la composicion de este vinagre, particularmente para las personas que pasan la temporada en el campo, que no nos cansaremos de recomendarle.

Se toman tres ó cuatro puñados de flores de espliego que se echarán en infusion en vinagre, añadiendo otro buen puñado de sal; mezclado este vinagre con agua es exelente para lavarse la cara despues de haberse afeitado, cura las grietas, cicatrices y picaduras de la navaja y refresca el cútis, en fin, es un buen astringente. Cuando se está en el campo se debe procurar, sobre todo á la tarde, frotarse las manos á fin de espeler los insectos y si se siente uno picado se echa una gota de este vinagre, se apacigua el dolor y se impide la hinchazon.

VINAGRE DE PLÁTANOS

Tómese un barril ó vasija que haya sido lavado con vinagre; échesele despues que haya tomado la madera su sabor, guarapo, ocho ó diez plátanos verdes y quince ó veinte limones estrujados, se le deja estar destapado para que fermente puesto á la intempérie, y concluido que haya de fermentar quedará un vinagre magnífico.

DE OTRO MODO.

Se echarán en una vasija cualquiera llena de agua plátanos muy maduros, casi pasados, aporreados y partidos en pedazos se tapa y se deja fermentar; cuando los plátanos estén en el fondo es señal de que ya está el vinagre.

VINAGRE DE MOSTAZA.

Se pone en infusion por algunos dias en una libra de buen vinagre dos onzas de mostaza en polvo y se filtra. Este vinagre se descolora y clarifica en parte por la albúmina que contiene la misma mostaza.

Apolog

BERENGENAS.

Se cogen antes que lleguen á madurar, se mondan cortan y echan á hervir, poniéndolas luego á secar á la sombra en un sitio enjuto.

FABRICACION DE VINOS

LICORES.

———•••———

VINO DE BURDEOS.

Mézclense tres copas de vino blanco, tres de la China, y tres de espíritu de vino de 36 grados en un porron de vino blanco, echándole vinagre en razon del ácido que debe tener aquel vino y copa y media de agua con cal para comunicarle un sabor mas áspero y parecido al de manzana agria. Es mejor valerse de vinos secos por mas que los haya de dos clases, su color será el de rosa carmesí debilitado y su sabor muy fuerte. No se haga uso del aguardiente, sino únicamente del espíritu de 36 grados. En lugar de vino de la China para darle el gusto de aroma, se puede suplir disolviéndole en el espíritu de vino ó poniéndole en infusion con flor de macias ó nuez moscada algun clavel y un poco de canela, ó bien la infusion de la rosa, malvarrosa ó del lirio-de Florencia.

MOSCATEL.

Para obtenerlo con mas perfeccion es preciso procurarse vino blanco de buena calidad, meter dentro de una tinaja la cantidad espresada y añadirle tres porrones del mismo vino que se habrá hecho hervir con tres onzas flor de sauco, una sola nuez moscada y dos libras azúcar blanca. Despues de un cuarto de hora de ebullicion se deja enfriar para mezclarlo con el vino: se le añaden dos libras de pasas moscateles que estén espachurradas, se tapa y se deja cosa de un mes, se incorpora despues un porron de espiritu de vino, se filtra y se embotella.

VINO DE JEREZ.

Este vino se imita poniendo en el vino comun bueno la cantidad suficiente de azúcar para darle el grado de dulzura que exija el vino de Jerez dulce, y en seguida se le añade zumo de naranjas ágrias hasta que tenga el gusto y olor del vino con que se le compara. Se le deja permanecer dos ó tres dias en el barril y cuando está claro se le embotella.

VINO GENEROSO DE ESQUISITO GUSTO.

Se toman uvas blancas de buena calidad despues que han llegado á su completa madurez; se las espone al sol por algunos dias, al cabo de los cuales se estrujan para estraerles el mosto. Antes que este empiece á fermentar se pone en toneles y se le añade en seguida una tercera parte de espíritu de vino de 24 grados y un poco de canela en polvo, fina; se tapan bien los toneles y pasado un mes se saca para embotellarle.

VINOS ESPUMOSOS QUE IMITAN
A LA CHAMPAÑA.

Para formar este vino se toma un buen vino blanco y se le satura de ácido carbónico por medio de una fuerte presion, despues de haber añadido dos drácmas de azúcar cande para cada botella. Para introducir en él líquido el ácido cárbonico hay un aparato á propósito conocido con el nombre de *aparato de saturar líquidos gaseados.* Las botellas se tapan perfectamente como las de Champaña para evitar que se escape el gas, en cuyo caso el licor quedará reducido á la clase de vino comun.

VINO GASEADO ESPUMOSO.

En la misma clase de vino blanco que deberá cuidarse siempre que esté perfectamente clarificado, se pone media onza de azúcar y se le satura de gas ácido carbónico; pero no en tanta cantidad como el anterior. Despues de saturado se tapan bien las botellas.

VINO MOSCATEL DE PRIMERA.

Se toma una cantidad de vino blanco bueno y se disuelve en el una cantidad de azúcar que le comunique el grado de dulzura que debe de tener esta clase de vino Para esto se debe tener presente una muestra de buen vino moscatel y la comparecion será sumamente fácil. En el vino azucarado como acabamos de decir se ponen en infusion unas flores de sauco por espacio de tres ó cuatro dias, al cabo de los cuales se estraen y el vino se puede embotellar. El vino préparado por este método presenta el olor y todo el aspecto de un vino moscatel de buena calidad.

ROM IMITADO.

Se toman veinte cuartillos de alcohol de veinte y dós grados y dos libras de cuero viejo. Si en vez de alcohol se puede proporcionar aguardiente bueno de melaza, será mejor; pero de todos modos se pone á macerar el cuero en el líquido espirituoso por espacio de un mes y en seguida se destila; en este liquido se pueden emplear las recortaduras del cuero, con tal que no haya estado entre aceite, porque le comunica un gusto detestable, si está demasiado fuerte, se le pone agua y de todos modos una onza de azúcar para cada botella. El color dorado se le dá con el caramelo. Este licor imita tanto al rom verdadero, que aun los mas diestros lo suelen confundir y esto hace que se consuma tanto en muchos cafées y tiendas de vinos.

MODO DE FILTRAR.

Se toma una vasija grande y se pone en ella un azumbre de agua; tómese despues un pliego de papel de filtrar; se mete en el agua haciéndole disolver hasta que parezca harina desleida; luego se derrama en una servilleta y se esprime bien para quitarle el agua; se toma el papel que habrá quedado como una ·pasta y se pone en la misma vasija, de la cual se habrá quitado toda el agua; se echan encima dos ó tres vasos de licor y con la mano se hace disolver de nuevo el papel. Cuando empieza á estar bien desleido, se añaden tres ó cuatro vasos mas del licor que se quiere filtrar. Pónense luego dos palos atravesados en los respaldos de dos sillas y se atan á los cuatro pomos con bramante, se sugeta á ellos con un cedazo de franela y se echa encima del licor para filtrarlo, repitiendo esta operacion por dos ó tres veces. Cuando se vé que está bien clarificado se embotella. Si se vé que no queda bien limpio, cuando empieza á clarificarse se filtra todo y se le añaden doce granos de negro animal lavado en agua caliente, para los licores blancos; y para los de color, la misma cantidad de ceniza de leña: se menea bien y se deja descansar por 15 ó 20 minutos; se vuelve á echar despues en el cedazo y quedará de una limpieza perfecta.

LICOR FINO.

25 libras de azúcar, 33 de agua y 15 de espiritu de vino.

AGUARDIENTE COÑAC FINJIDO

Se toman cien cuartillos de alcohol de treinta y tres grados, setenta de agua, una onza de té, tres libras de azúcar y tres onzas de badiana. Se hace hervir la azúcar por espacio de seis ú ocho minutos y se le añaden dos drácmas de crémor tártaro; despues se agita mucho la mezcla y se colora con caramelo.

HIPOCRAS.

Esta bebida se hace poniendo en una botella una dracma de canela, dos ó tres clavos de especia un polvo de macias, todo bien reducido á polvo muy fino y encima una ó dos onzas de alcohol. Despues de dos dias de digestiva, se añaden dos cuartillos de vino blanco ó tinto, dos ó tres gotas de esencia de ambar y dos ó tres onzas de azúcar en polvo; se agita todo muy bien y al dia siguiente se filtra.

REGLA GENERAL PARA FABRICAR
LOS LICORES SUPERFINOS.

Se toman veinte y tres libras de azúcar y quince de agua fria; se mezcla y se hace disolver el azúcar, poniéndose aparte doce libras de espíritu de vino de treinta y cinco grados y dos onzas de estracto de lo que se quiera hacer el licor; se echa despues el azúcar desleido en el espiritu de vino; se mezcla bien y haciendo filtrar queda hecho el licor.

LICOR ENTRE FINO.

25 libras de azúcar, 33 de agua y 17 de espíritu de vino.

Cada uno puede formar así su regla general é imitar todos los licores por la fuerza, aumentando y disminuyendo el azúcar, el agua y el espíritu.

MARRASQUINO DE ZARA.

Se añaden á la regla general dos onzas de estracto de anisete.

CURAZAO DE HOLANDA.

Se añaden tres libras de espíritu mas que en la regla general; se pone el espíritu en un lebrillo de tierra y en él ocho onzas de palo de Campeche molido, que se dejará en infusion 15 ó 20 minutos; se retira despues el palo, se añaden dos de estracto de curazao y se echa la mezcla en el resto del espíritu. Si tuviera un color rojo demasiado vivo, algunas gotas de zumo de limon bastarán para darle el amarillo de oro que debe tener.

ANISETE DE BURDEOS.

Se añaden á la regla general dos onzas de estracto de anisete.

AGUARDIENTE DE DANTZIK.

Se añaden á la regla general dos onzas de estracto de Dantzik; despues que el licor esté filtrado, se deslian en un vaso del mismo 24 panes ú hojas de oro, se mezclan con el resto y se menea bien á medida que se vá embotellando, para que las partículas de oro estén bien disueltas.

DIVISA DEL PAPA.

Se añaden á la regla general dos onzas de estracto de divisa del papa y despues que el licor esté bien filtrado mézclanse veinte hojas ó panes de ora y veinte de plata preparadas como en el anterior.

AGUARDIENTE DE ANDAYA.

Se añaden á la regla general dos onzas de estracto de Andaya.

LICOR DE LOS CARTUJOS.

Se añade á la regla general seis libras de espíritu de vino y dos onzas estracto de los cartujos.

MODO DE PREPARAR EL COLOR.

Se toman dos onzas de menta y se ponen en un almiréz con media onza de espíritu de vino, macháquese bien y esprímase luego para que salga todo el zumo, se deslíe dicha yerba en media libra espíritu de vino, se deja en infusion por espacio de 24 horas y luego puede darse el color al ajenjo á voluntad. Para darle el color verde aceituna se le mezclará un poco de azúcar quemado. A los quince dias de fabricado es necesario añadirle un poco de color verde.

COÑAC

44 libras espíritu de vino, 2 onzas estracto de coñac, una libra de jarabe de melaza, cuatro onzas de azúcar quemado y 30 libras de agua; se mezcla bien y se deja en infusion por ocho dias.

VERMONT DE TURIN.

Se toman veinte y cinco botellas de buen vino blanco, se le añaden dos onzas estracto de Vermont, cuatro libras de espíritu y si no es bastante craso, se añaden cuatro libras de azúcar, se mezcla bien todo y se filtra.

RECETAS

PARA PREPARAR TODOS LOS COLORES.

COLOR DE ROSA

Se toma un cuarto de onza de cochinilla bien machacada y se pone en una taza, se hacen hervir aparte cuatro onzas de agua con una cucharada de ceniza de leña, se derrama esta agua hirviendo sobre l.i ceniza y se obtendrá un color perfecto.

COLOR AMARILLO.

Póngase en una taza un octavo de onza de azafran, se llena de agua hirviendo y se deja en infnsion por dos ó tres horas.

COLOR DE AURORA.

Echense en el color de rosa tintura de azafran en el grado que se quiera.

COLOR VERDE.

Se toman pastillas ó bolitas de azul preparadas para el lienzo, se deslían en agua hirviendo; cuando tenga un buen color azul celeste mézclese la tintura de azafran en el grado que se quiera.

REGLA GENERAL

PARA TODA CLASE DE JARABES.

Tómense quince libras de azúcar y ocho de agua con los ingredientes indicados en las recetas siguientes, segun la clase que se quiera hacer.

JARABE DE ORCHATA.

Se añade á la regla general la leche de tres libras de almendras.

JARABE DE GOMA.

Póngase en infusion veinte y cuatro horas antes una libra de goma en dos de agua tíbia y luego fíltrese.

JARABE DE LIMON.

Se añade á la regla general el zumo de cuarenta límones.

MODO DE PREPARAR LÁ LECHE
DE ALMENDRAS.

Se toman dos libras de almendras dulces y una de amargas; métanse en agua hirviendo y ténganse en ella durante cinco minutos, al cabo de los cuales se retirarán y se meterán en agua fria, luego se mondan, se machacan en un mortero de mármol, se le añade de vez en cuando agua hasta cuatro libras y luego se prensa para recibir la leche.

VINO DE BISOPH.

Se toman veinte y cinco botellas de buen vino tinto, se le añaden seis libras de azúcar y dos onzas estracto de Bisoph, fíltrese y embotéllese. Este vino se toma caliente ó frio y es muy bueno para el estómago.

ACEITE DE ROM.

Veinte libras de azúcar y doce de agua; cuando esté deshecho se añaden 12 libras de buen rom, 6 libras de espíritu y 2 onzas estracto de rom.

RECETA PARA FABRICAR
LA CREMA DE TÉ.

Se ponen en un alambique diez onzas de té de superior calidad y del mas aromático, se le añaden veinte libras de agua y se destila hasta obtener cinco libras; pónganse luego en una vasija veinte y tres libras de azúcar, y á las cinco libras de agua destilada añádanse diez mas de agua; cuando el azúcar esté deshecho se añaden doce libras de espíritu y se filtra.

CREMA DE MOKA.

Hágase lo mismo que en el anterior, pero en lugar de té pónganse diez onzas de café tostado bien caliente y de la mejor calidad.

CREMA DE ANONAS.

Se mondan dos anonas, se ponen en infusion ocho dias en el espíritu de la regla general, se mezclan en el azúcar de la regla general y se filtra.

AGUA DE NUECES.

Cien nueces cogidas por San Juan se ponen en infusion por ocho dias en el espíritu de la regla general con el azúcar correspondiente y se filtra.

PONCHE DE ROM.

Se toman 23 libras de azúcar, el zumo de 40 limones y el de 10 naranjas, añádasele 10 libras de agua; hágase hervir treinta minutos; retírese luego del fuego y cuando esté frio se añaden doce libras de rom, cinco de espíritu de vino y 2 onzas estracto de rom.

PONCHE DE KIRSCH.

Lo mismo que el anterior, solo que en lugar de rom se pondrán doce libras de kirschwaser.

RECETA PARA FABRICAR
LIMONADA GASEOSA.

Pónganse en una vasija de barro dos libras de azúcar bien molida, échensele encima veinte gotas de estracto de torongil y se mezcla bien; se le añaden diez botellas de agua, se deslíe el azúcar, se ponen en cada botella tres granos de ácido tartárico, se llenan luego con la limonada, se añaden cuatro granos de bicarbonato de sosa bien molido, se tapa prontamente y se ata el tapon; se agita luego la botella para que se mezcle bien, y para conservarlo es preciso tender las botellas.

RECETA PARA FABRICAR CIEN BOTELLAS DE CERVEZA.

PRIMERA CALIDAD DE LOS PAISES-BAJOS.

Póngase en un caldero 25 ó 30 botellas de agua con una libra de flor de lúpulo, cuatro onzas de ajenjo en grano, dos libras de cebada tostada y hágase hervir el todo durante dos horas; retírese y pásese por un tamiz, hágase derretir en este líquido aun hirviendo doce libras de azúcar oscuro y dos botellas jarabe de melaza; luego se pone en un barril de la capacidad de cien botellas y se acaba de llenar de agua; luego se sacan tres botellas de aquella mezcla y en ella se hace disolver una libra de fermento de cerveza. Vuélvase al barril y déjese fermentar dos ó tres dias ó hasta que haya concluido de hervir, despues de lo cual se traslada á otro barril y se añade medio frasco de estracto de cerveza; en seguida se filtra y cuando está bien clara se embotella.

Nota.—Durante la fermentacion tres ó cuatro veces al dia, es preciso añadir cerveza al tonel para que se conserve lleno, y cuando se haya trasladado, el fermento que quede en el fondo del barril servirá para fabricar otra.

VINO GRIEGO.

Se cojen las uvas en un estado de maduréz perfecta, se esponen al sol durante ocho ó diez dias; en seguida se estrae el mosto, se calienta en una caldera estañada y cuando está próximo á hervir se echa para cada cinco botellas una onza de sal comun bien reducida á polvo, se deja enfriar y despues de ocho dias se embotella.

NOYO.

Media libra de almendras de albaricoques, se muelen y se tienen en infusion en un azumbre de aguardiente mes y medio ó dos meses; pasado este tiempo se añade libra y media de azúcar bien disuelto con cuartillo y medio escaso de agua: se filtra todo el líquido y se coloca en botellas, teniendo cuidado de tenerlo bien tapado.

ANISETE.

Dos onzas de anis, una de culantro, medio dracma de canela y dos clavillos de especias; se machaca todo y se deja un mes en ifusion con un azumbre de aguardiente y dos libras de azúcar molida, cuidando de taparla bien; se cuela por una manga de paño muy tupido y se guarda en botellas teniendo cuidado de tenerlo bien tapado.

TÉ.

Se pone al fuego la tetera y estando caliente, se echa el té proporcionado al número de tazas que haya de hacerse, media taza de agua hirviendo, se deja en infusion cuatro ó cinco minutos; se le echa esta agua y se pone despues la necesaria hirviendo, se deja al fuego un momento y puede servirse.

LICOR DE ROSA HABANERO.

En medio azumbre de agua de rosas, se pondrá media copa de zumo ácido de agraz y ocho onzas de azúcar. Se hará que el azúcar se derrita y se añadirán tres medios cuartillos de agua, meneando luego la mezcla. Se echará luego una gota de agua de esencia de toronja y dos gotas esencia de rosas en una copa, y media de aguardiente refinado, vertiéndolo todo en el licor y meneándolo bien.

ESTRACTO DE AJENJO SUIZO.

Se toman diez y seis libras de espíritu de vino; se añaden dos onzas de estracto de ajenjo preparado, se mezcla bien y despues se le echan cuatro libras de agua y color verde.

SUSTANCIAS

Para clarificar el vino, el vinagre, la cerveza, el aguardiente, el aceite y el sebo.

PARA EL VINO.

Debe emplearse la cola del pescado ó las claras de huevos con sal, y para ponerlo tan claro como el agua los polvos negros de marfil.

PARA LA CERVEZA.

El mismo procedimiento que para el vino, pero se emplea ordinariamente la clara de huevo con sal.

PARA EL AGUARDIENTE.

La cola del pescado, y para quitarle el color, el negro de marfil, leche hirviendo ó sangre de ternera.

PARA EL ACEITE.

Si es muy espeso se le echa aceite tartárico en polvo se menea durante un cuarto de hora; en seguida se añade leche hirviendo, se vuelve á menear, luego se echa agua y se le separa. Ordinariamente se clarifica el aceite haciéndole hervir con litargirio.

PARA EL SEBO.

Se disuelve ácido tartárico y alumbre y se echa en el mómento de la ebullicion, con lo cual no solo se clarifica, sino que se pone muy blanco.

CIDRA SIN MANZANAS.

Para veinte cuartillos de agua se echa libra y media de azúcar terciada, onza y media flor de sauco, igual cantidad de flor de violeta y tres onzas de vinagre. Se deja fermentar todo durante cuatro dias en un cántaro ó tonel pequeño, teniendo cuidado de menearlo dos ó tres veces los dos primeros dias, en seguida se embotella y se atan los tapones con bramante; á los diez dias ya puede beberse, pero al mes de embotellado es infinitamente mejor: cuando ha formado suficiente espuma se muda de botellas para evitar que salten.

VINAGRE HECHO EN POCO TIEMPO.

Seis onzas de crémor tártaro bien molido se amasa con vinagre, se seca al sol ó al calor de un horno la masa, se vuelve á mojar y se seca de la misma manera, se repite nueve ó diez veces y se logrará un polvo bastante ácido para convertir el agua en vinagre con solo mezclar una cantidad proporcionada á la de agua; y como la mayor parte del crémor queda indisoluble, se debe dejar posar; despues se trasiega ó bien desde el principio se filtra, añadiendo mas ó menos agua segun la fuerza que se quiera dar al vinagre.

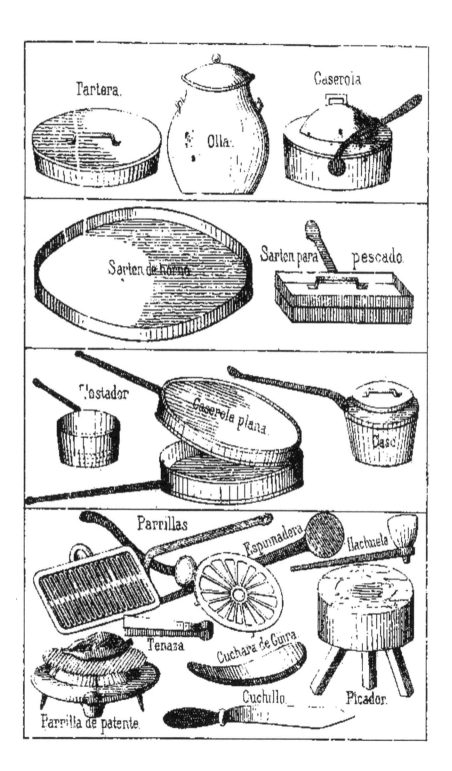

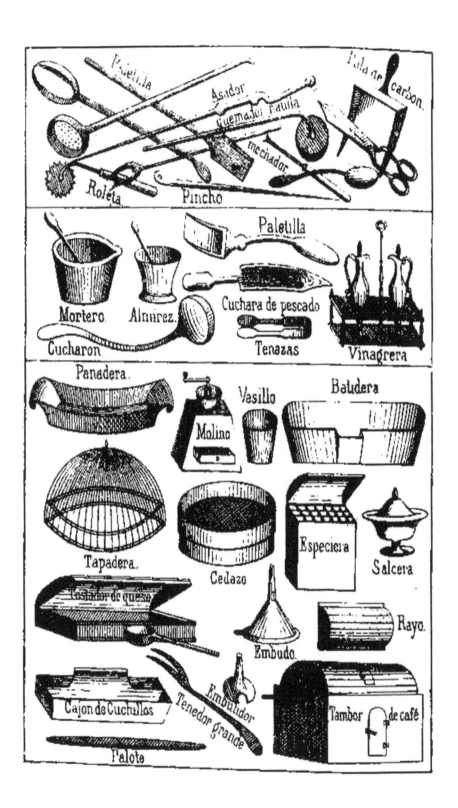

Paletilla

Asador

Quemador Paiila

mechador

Pala de carbon.

Roleta

Pincho

Mortero.

Almirez.

Paletilla

Cuchara de pescado

Cucharon

Tenazas

Vinagrera

Panadera.

Vasillo

Batidera

Molino

Tapadera.

Cedazo

Especiera

Salcera

Tostador de queso

Embudo.

Rayo.

Cajon de Cuchillos

Embutidor

Tenedor grande

Tambor de café

Palote

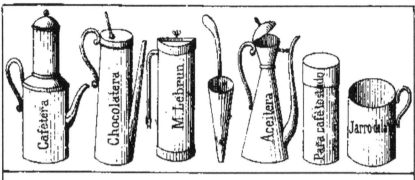

Fruteros. Budineras.

Para dulce seco.   Dulceras

A. Aparador para partir la olla, el pavo, jamon, etc.
con un trinchador.

B. Aparadores de cubiertos, platos, copas, etc.

C. Puesto fijo de uno de los criados (uno para 3 ó 5 convidados.

D. Magnífico ramillete con frutas, candelabros, etc.

E. Ramillete de 2.ª

F. Fruteros.

G. Candelabros.

H. Sopas, una particular y dos en pequeñas soperas,
que las sirve la señora.

I. Pescado, que lo sirve el dueño.

J. Perdices, codornices, etc. que lo sirve alguna de la familia.

L. Ensaladas.

M. En las lineas de puntos se colocan las aceitunas,
encurtidos, sardinas de Nantes, etc.

T. Torno para que llegue caliente la comida.

Nota. La olla, pavo, jamon y aun el pescado deben
servirlos los criados presentandolos á cada convidado.

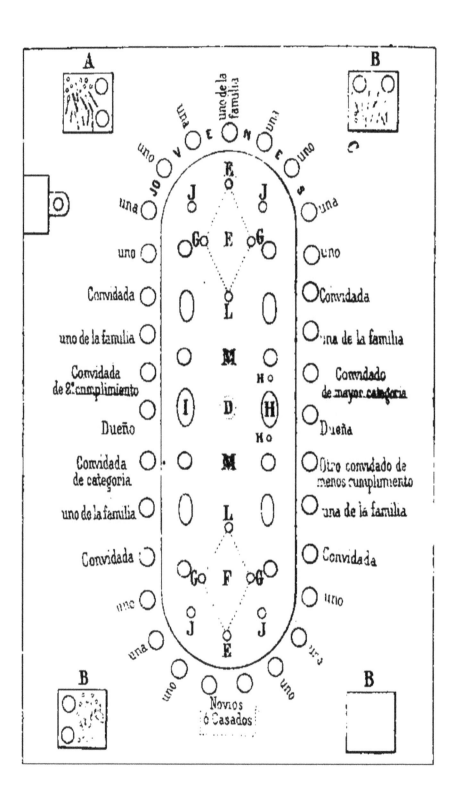

INDICE.

PARTE PRIMERA.

COCIDOS, OLLAS Y GUISADOS.

PAGINAS.

PARTE SEGUNDA.

MENESTRAS, SALSAS, LEGUMBRES, FRITURAS Y MENUDENCIAS.

INDICE

PARTE TERCERA.

PASTELERIA. DULCERIA Y REPOSTERIA.

INDICE

ÍNDICE

INDICE

INDICE

PAGINAS.

RECETAS PARA PREPARAR TODOS LOS COLORES.

CPSIA information can be obtained
at www.ICGtesting.com
Printed in the USA
BVHW072037050320
574215BV00002B/155